女性活躍が企業価値を高める

子育て中の部下を持つ経営者・上司のためのマニュアル

上田理恵子
（株式会社 マザーネット）

目次

第2章　「子育てと仕事の両立」～社員は何に困っているのか

第3章　子どもの年齢別、両立の悩みと解決法

第4章　先輩ワーキングママ、パパの実体験からヒントを得る

はじめに

「働くママに優しい社会を作りたい」と、17年間勤務した企業を思い切って退職し、株式会社マザーネットを創業したのは、２００１年8月27日、今から20年前のことです。

大学を卒業し、１９８４年に空調メーカーに、エンジニアとして就職しました。入社3年目である１９８６年に男女雇用機会均等法が施行され、国公立大学出身ということで、自動的に総合職となりました。周囲からは「男子扱い」と呼ばれました。

当時は、24歳までに結婚して退職する「寿退社」がお決まりのコースでした。私自身も24歳で結婚。しかし、当時担当していた、業務用食器洗浄機の開発の仕事がおもしろく、全国転勤のある夫の転勤が決まるまで、仕事を続けることにしました。

そんな中、日本ヒーブ協議会という主に消費者関連部門に勤務する女性の会に、仕事として参加させていただくことになりました。そこで、子育てと両立しながら、しなやかに仕事をされている素敵なワーキングマザーたちとの出会いがありました。

「私も、もしも許されるのなら、子どもを育てながら、仕事を続けてみたい」、そう憧れるようになりました。しかし、なかなか子どもに恵まれません。2年間の不妊治療を行いましたが、それでも無理でした。「子どもに恵まれないのは、もうちょっと仕事をがんばれ、ということだろう」とあきらめていた時、思いがけず、長男ハルカを妊娠することができました。

　出産は、１９９２年11月。１９９２年4月1日に育児休業法が施行され、会社では、育児休業取得第一号でした。本来は1年間休めたのですが、当時から保育所に入れるのは激戦だったのです。現在と同様、年度途中での入所は難しく、最も入所しやすい１９９３年4月に、第8希望の家庭保育所にようやく入所できることが決まりました。預けた時は、まだ生後4カ月。ようやく授かった我が子と離れて過ごすことに、胸が張り裂けそうでした。泣きじゃくるハルカを保育士さんに預け、ようやく出社。「子どもががんばっているのだから、私もがんばらなくては」と仕事に向かうと、上司からは「あなたはブランクが大きすぎる。担当する仕事はない。座っているだけでいい」と言われ、びっくりしました。確かに産休の期間と含めると、半年も会社を休んでしまいました。休んでいる間も、パソコンで資料を作ったり、自分では精一杯努力していたつもりでした。しかし、そんな努力も、水面下で足をバタバタさせていただけだったのだろうか。そんなことなら、もっと子育てを楽しめばよかった。いろいろな考えが、頭の中を駆け巡りました。

　仕事がないなら、自分で作り出そうと、「何かコピーするものはない？」と後輩男性に聞いてまわったり、会議のお茶出しをしたりしました。多い日は１日１００杯入れた日もありました。しかし、何だか満たされない日々。私は何も変わっていないのに、子どもを産んだことで、どうして仕事をするチャンスがなくなってしまうのだろう。しかし、保育所からは頻繁に呼び出しの電話がかかってきました。「お子さんのお熱が37・5度を超えたので、すぐに迎えに来てください」と。仕事をやりたい気持ちがあっても、すぐに帰らないといけない。担当する仕事をもらっていても、迷惑がかかってしまうのは事実。もしかしたら、上司はそんな私のことを、配慮してくださっていたのかもしれません。

そんな中、長男が1歳になる前に、次男セイを妊娠。1994年7月に出産し、2度目の育児休業を取得し、1995年4月に復帰しました。2人を同じ保育所に入れるのは、非常に厳しいものでした。当時は時短勤務がなかったので、別々の保育所に入れて迎えにいく、「保育所のはしご」をしていたのでは、保育所の終了時間に間に合いません。何度も市役所の窓口に通い、担当の方に顔を覚えてもらいました。保育所の不承諾通知が届いてからも、何度も通うと、ある日「そんなにうるさいんやったら、保育所に入ってもらいます」と言われ、何とか2人の子どもを同じ公立の保育所に入れて、復帰することができました。

子どもが2人になることで、保育所からの呼び出しは1・5倍に。一人が熱を出した時は、もう一人は元気。少し経って一人が回復したころに、もう一人が発熱。この頃は、週に2回は小児科に通っていたように思います。次男が2歳になる頃には、ようやく熱が出る頻度が少なくなってきたように思います。

2度目の育児休業から復帰して2年が経ったころ、ようやく担当の仕事をもらえるようになりました。その仕事は、56歳で役職定年となった技術をお持ちの方々を、主に取引先の中小・中堅企業にコンサルタントとして派遣するという新規事業の検討でした。私の仕事は、経営者の方にアポイントを取り、「今不足している人材はないでしょうか」とニーズをお聞きして、社内で適任者をコーディネートして派遣の提案を行うという仕事でした。経営者の方はお忙しく、ようやくアポイントが取れた時に限って、子どもが急に発熱しました。「大変申し訳ございません。お約束の日時を変えていただけませんでしょうか」とお願いすると、「もう一生来《いっしょう》なくていい」と言われたことを、今でも覚えています。何度かお伺いし、信頼関係が出来てからだと、小さな子どもがいることを伝えると、孫の育児の相談をされるようにもなりましたが、まったく初めての訪問だと、当然の対応だと思います。

そんなある日、初めての契約が決まりそうになりました。価格交渉が難航し、時間が過ぎていきます。このままでは保育所のお迎えの時間に間に合いません。お客様の会社の廊下から夫に電話をし、「保育所の迎えだけ、お願いできないかな」と頼むと、「おれも大事な会議中」と言われてしまいました。保育所は夫の会社のそばなので、しぶしぶ迎えに行ってくれましたが、胃がキリキリと痛くなり、お客様の会社の最寄り駅から電車に乗る時にはフラフラになっていました。その商談は無事に成立。忘れもしない第一号の大口契約となりました。

自分自身が子どもたちを希望の保育所に入れることや、子どもの発熱時に預けるところがなくて苦労した経験から、これから出産するママたちに、同じようなつらい思いをしてほしくない、と1994年7月、第2子出産の3日前に、「キャリアと家庭」両立をめざす会を一人で立ち上げました。2カ月に1度ほど土曜日の午後に、先輩ワーキングマザーにご自身の体験を語っていただく、という交流会を大阪で開催しました。いつのまにか会員は全国に広がり、大阪には行けないから、情報誌を作って、内容を届けてほしいという声を多数いただき、1999年7月には、月刊情報誌「CAREER&FAMILY」を創刊しました。雑誌の発行は素人で周囲に反対されましたが、会員の方々に編集を手伝ってくれる人をつのり、手をあげてくださる方がいたので、何とか出来上がりました。

創業する2001年8月までに寄せられた悩み相談は、約2万件。当時は手紙やFAXが多かったです。手紙には切実な悩みが書かれていたので、毎朝1時間だけ早起きして、お返事を書くことにしました。当時、寄せられた悩みで一番多かったのは、「子どもが病気の時に預けるところがないこと」でした。病気の子どもを預かってくれる病児保育所は、数が少なく、近所にはないこと。ベビーシッター会社は病気の子どもを預かってくれないこと。自分の実家も夫の実家も遠く、近くに頼れるところがないこと。創業する直前には「上田さんは大企業に勤めていて、有休を取れるでしょ。上田さんが有休を取って、私たちの病気の子どもをみてほしい」。何人もの人にそう言われるようになりました。働くママを助けるために作った会なのに、本当に困っている時に何もしてあげられない。私自身、なんて中途半端な活動をしているのだろう。自分自身の行動に矛盾を感じるようになっていました。

「そうだ！　子育て中で夜勤ができなくて退職している看護師さんに登録してもらって、病気の子どもがいる家に行ってもらえばよいのでは！」、それなら本当の意味で、働くママを直接助けてあげられる。誰かに背中を押されるように、2001年8月に、働くママを応援する会社である「マザーネット」を創業したのです。子どもたちが小3と小1になった年でした。今まで転勤がなかった夫は、創業した月の初めに東京への転勤が決定。会社経営と一人での子育てを両立する日々が始まりました。

創業した日に、行政から何件か電話がかかってきました。「看護師の派遣は法律で禁止されているので、ただちに事業を停止してください」「何かあった時に、あなたの人生が終わってしまうから止めた方がよい。行政でもできていないことを、やらないでほしい」とも。しかし、リスクがあるからと、誰もやらないと、世の中は何も変わりません。病気の子どもを預けるところがなく、仕事を辞めてしまったという女性たちからの声がひっきりなしに届いていました。「自分たちがほしいサービスは、自分たちが作るしかない」と思ったのです。

「育児と家事は立派なキャリアです」というメッセージを発信し、自分自身の子育てを終えた主に専業主婦の方に登録していただき、ワーキングマザーがピンチの時に、駆けつけてもらう仕組みを作りました。

病児のケアを行うシッター会社は、日本で初めてということもあり、関西だけでなく、創業3カ月目には、関東からも依頼が来るようになりました。

1日8時間ケアを利用すると、2万円近くの費用がかかります。女性に仕事を任せるからには、企業にそのサポート費用の一部を出してもらう必要がある、との強い思いから、創業してまず取り組んだのは、企業のトップや人事担当者を訪問し、社員の方が派遣型の病児ケアサービスを利用した際に、補助を出してもらう制度を導入してもらうことをお願いしました。そこで言われたのは「上田さんの言うことはわかる。けれど、うちの会社の女性たちは、子どもがきらいみたいよ」とのこと。その会社で働く女性たちに話を聞くと、「キャリアを選ぶと、結婚はできても、子どもは諦めないといけない」と言うのです。当時は、仕事を選ぶか、子どもを選ぶか、二者択一の時代でした。目標の30社を訪問しましたが、その時の結果は惨敗。話は聞いてもらえましたが、制度の導入には至りませんでした。しかし、女性活躍に力を入れようとしている企業からのご依頼で、創業2年目に1社と契約することができました。当時は、国から利用者への制度的支援はまったくない時代でした。子ども・子育て支援新制度の一環として、国主導のベビーシッター等利用者支援制度が開始されたのは、15年後の２０１６年のことです。その後はありがたいことに、契約企業の担当者の方が営業ウーマンとなってくださり、口コミで少しずつ契約が増えていきました。今では、法人契約64社で、法人会員数は２３１６名となっています（２０２１年６月末現在）。

２０１３年12月には、創業前に勤務していた企業からご依頼をいただき、保活をマンツーマンでサポートする保活コンシェルジュサービスをスタート。私自身も保活コンシェルジュとして、電話でのサポートをさせていただいています。

創業から20年、働くママにやさしい社会を創るため、走り続けてきました。私が出産した当時にはなかった、病児もケアしてくれるシッターサービスは、マザーネット以外のベビーシッター会社も対応してくれるようになりました。

働くママを応援する活動を始めて27年。働くママやパパにとって、やさしい社会になったのでしょうか。ママやパパをいくらきめ細かくサポートしても、彼女や彼らが働く企業、そして社会が変わらなければ、本当の意味で、やさしい社会にはならないと感じています。このままでは、これから20年経過しても、変化のスピードは遅すぎるのでは、と危惧しています。

企業、そして社会が変わるには、どうすれば良いのか。昨年、所属している関西経済同友会に「子育て問題委員会」が新設され、今年の５月に『「子育て支援」を企業の成長戦略に〜

Well-being向上型戦略への大転換』という提言を発表しました。私も共同委員長として、活動させていただきました。昨年12月にはＷＥＢアンケート調査を実施し、貴重な声が集まりました。どうすれば、もっと多くの経営者の方に伝えることができるのだろうか。提言の内容をふくらませて、本を書いてみてはどうだろうか。そうすることで、企業の経営者の方に読んでいただく機会が増えるのではないだろうか。

女性が活躍するには、女性に未だ偏っている、育児や家事の負担を軽減することが不可欠です。そして、企業こそが、仕事と子育ての両立支援策に、力を入れるべきだと思います。この本を読んでいただくことで、仕事と子育ての両立の課題を理解し、何かしらのアクションにつなげていただくことを、心より祈っています。

２０２１年８月

株式会社マザーネット　上田　理恵子

第1章

なぜ、日本では「女性活躍」が進まないのか

1　女性が活躍できない日本の現状

第1章では、日本において「女性活躍」が進んでいない現状を認識したのち、なぜそれが進まないのかという要因を、データベースかつ国際比較的視点から分析していきます。

日本の男女格差は極めて大きい
～日本のジェンダーギャップ指数は経済分野で世界117位

日本の女性活躍の国際的なポジションを知るためによく参照されるのが、世界経済フォーラム（WEF）が発表するジェンダーギャップ指数です。2021年3月に「ジェンダーギャップ指数2021」が発表されました。

この指数は、「経済」「政治」「教育」「健康」の4つの分野のデータから作成され、0が完全不平等、1が完全平等を示しています。

2021年の日本の総合スコアは0・656、順位は156カ国中120位（前回は153カ国中121位）でした。前回と比べて、スコア、順位ともに、ほぼ横ばいとなっており、先進国の中で最低レベル、アジア諸国の中で韓国や中国、ＡＳＥＡＮ諸国より低い結果となりました（表１―１）。

日本は、特に、「経済」及び「政治」における順位が低くなっており、「経済」の順位は１５６カ国中１１７位（前回は１１５位）、「政治」の順位は１５６カ国中１４７位（前回は１４４位）となっています（表１―２）。これは、各国がジェンダー平等に向けた努力を加速している中で、日本が遅れを取っていることを示しています。

ＷＥＦのレポートでは、日本は経済分野において、管理職の女性の割合が低いこと（14・7％）、女性の72％が労働力になっている一方、パートタイムの職に就いている女性の割合は男性のほぼ2倍であり、女性の平均所得は男性より43・7％低くなっていることが指摘されています。

世界に目を向けると、

表1-1 ジェンダーギャップ指数（2021）上位国及び主な国の順位

順位	国名	値	前年値	前年からの順位変動
1	アイスランド	0.892	0.877	–
2	フィンランド	0.861	0.832	1
3	ノルウェー	0.849	0.842	-1
4	ニュージーランド	0.840	0.799	2
5	スウェーデン	0.823	0.820	-1
11	ドイツ	0.796	0.787	-1
16	フランス	0.784	0.781	-1
23	英国	0.775	0.767	-2
24	カナダ	0.772	0.772	-5
30	米国	0.763	0.724	23
63	イタリア	0.721	0.707	13
79	タイ	0.710	0.708	-4
81	ロシア	0.708	0.706	–
87	ベトナム	0.701	0.700	–
101	インドネシア	0.688	0.700	-16
102	韓国	0.687	0.672	6
107	中国	0.682	0.676	-1
119	アンゴラ	0.657	0.660	-1
120	日本	0.656	0.652	1
121	シエラレオネ	0.655	0.668	-10

表1-2 各分野における日本のスコア

分野	スコア	昨年のスコア
経済	0.604（117位）	0.598（115位）
政治	0.061（147位）	0.049（144位）
教育	0.983（92位）	0.983（91位）
健康	0.973（65位）	0.979（40位）

ジェンダーギャップ指数2021で1位、世界で最も男女平等に近いと評価を得たのはアイスランドです。フィンランド、ノルウェー、ニュージーランド、スウェーデンが続きます。

なかなか増えない女性管理職・経営層

では管理的職業従事者に占める女性の割合を、もう少し詳しくみていきましょう。常用労働者100人以上を雇用する企業の労働者のうち役職者に占める女性の割合を役職別に見ると、上位の役職ほど女性の割合が低く、係長級18・9％、課長級11・4％、部長級6・9％となっています（図1―1）。

企業規模別に見ると、規模が小さくなるほど、比率は下がる傾向があります（図1―2）。

政府が「社会のあらゆる分野において、2020年までに、指導的地位に女性が占める割合が、少なくとも30％程度となるよう期待する」との目標（以下「「2020年 30％」目標」という）を掲げたのは、今から18年前の2003年のことでした。当時、マザーネットは創業3年目。マザーネットのチャイルドサービスを利用する優秀な女性たちは、まだまだ役職につくことはできていませんでした。その後、第2次男女共同参画基本計画に「2020年 30％」目標が盛り込まれ、官民においてその実現に向けた取り組みが進められてきました。2015年には女性活躍推進法（女性の職業生活における活躍の推進に関する法律）が成立し、常用労

図 1-1 階級別役職者に占める女性の割合の推移

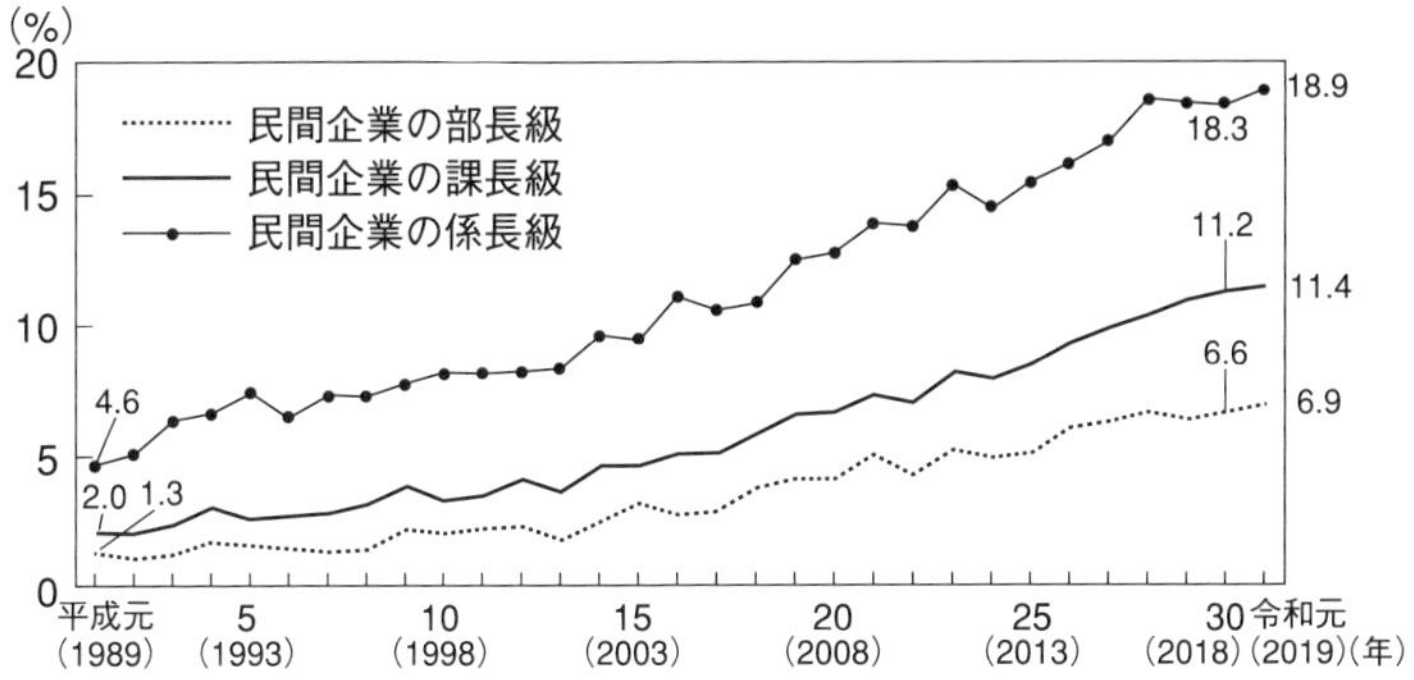

出典）男女共同参画白書（令和 2 年版）

図 1-2 企業規模別女性管理職を有する企業割合

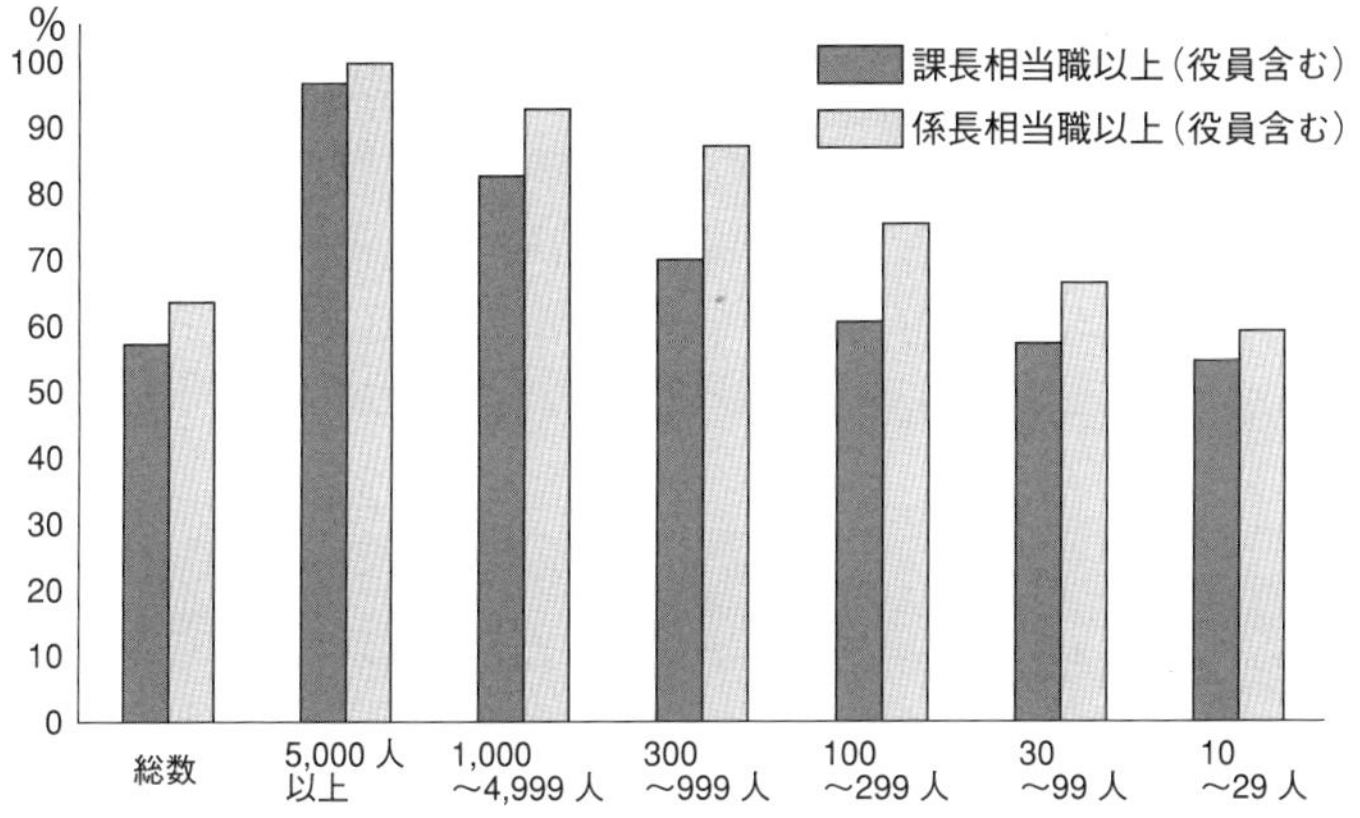

出典）雇用均等基本調査（平成 30 年度）

働者３０１人以上の大企業に、自社の女性の活躍状況の把握・課題分析、行動計画の策定・届出・公表、自社の女性の活躍に関する情報公開などが新たに義務づけられました。

しかしながら、この目標を達成するには、そもそも採用における女性比率を上げたり、管理職につくことができる女性を育成したり、仕事と子育ての両立支援を充実させたり、抜本的な企業体制の改革が求められるのですが、多くの企業はそこまで踏み込むことができませんでした。

２０２０年12月25日に閣議決定された第５次男女共同参画基本計画では、新しい目標として、以下のように定められました。

「２０３０年代には、誰もが性別を意識することなく活躍でき、指導的地位にある人々の性別に偏りがないような社会となることを目指す。そのための通過点として、２０２０年代の可能な限り早期に指導的地位に占める女性の割合が30％程度となるよう目指して取り組みを進める」

女性比率30％の目標が、２０２０年から２０２０年代（２０２９年まで）と後ろ倒しになりましたが、これを達成するためのロードマップは示されていません。

このように、なかなか女性管理職が増えないのは、制度や風土などさまざまな要因があります。一方この問題について話す時によく言われるのが「そもそも、女性自身の管理職志向が低いからではないですか」という論点です。入社する際には、男性も女性も、キャリアを築きたい、チャンスがあれば管理職にも、と同じように思っています。しかし、男女同じようにチャンスが与えられ、育成されているでしょうか。また何年か経過するうちに、一番仕事で成長する時期に、結婚した女性は出産の時期を迎えます。その時、社内の管理職の働き方（多くは長時間労働）を見て「子どもを育てながら、あのような働き方は無理。子育てを大事にしようと思ったら、仕事でキャリアを積むことは諦めないといけないのかな」と悩むようになります。決して、管理職志向が低かったからではありません。子育ても大切にしながらキャリアを築いているロールモデルの女性が身近にいないことが多く、将来に夢を描けないからではないでしょうか。

次に、女性役員に目を向けてみましょう。上場企

図 1-3　就業者及び管理的職業従事者に占める女性の割合（国際比較）

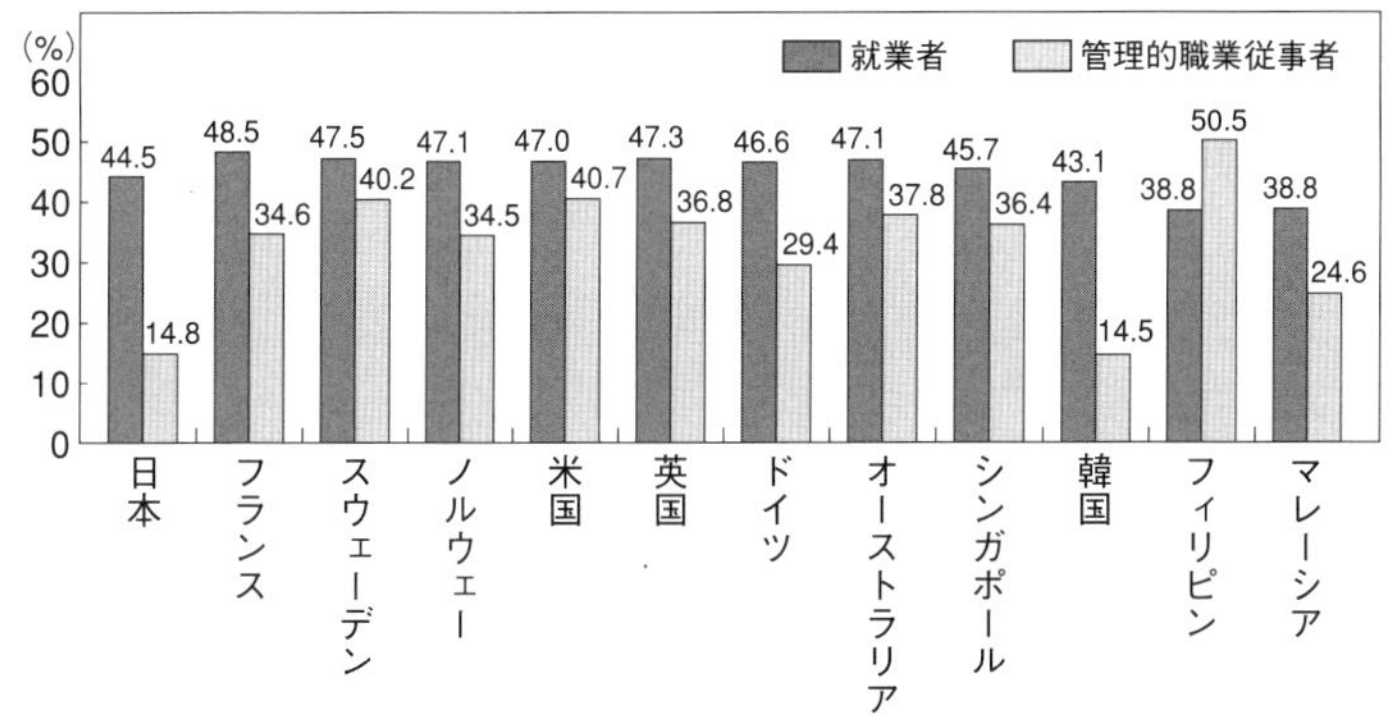

出典）男女共同参画白書（令和 2 年版）

業の役員に占める女性の割合を見ると、近年少しずつ上昇傾向にあり、２０１９年は5・2％と、前年に比べて１・１％ポイント上昇しました（図１―４）。２０２０年は６・２％の２５２８人です。経団連は、２０３０年までに女性役員30％を目標として掲げました。目標を達成するには、約１万人の男女入れ替えが必要となります。

不確実性が高く、激変する世界情勢の中では、経営の意思決定のプロセスに多様な視点が組み込まれていることが求められます。

金融庁と東京証券取引所が２０２１年６月に改訂した企業統治指針（コーポレートガバナンス・コード）は、女性役員の積極登用を促しています。

また海外の機関投資家が日本企業に対して、女性取締役の起用を求める動きも出てきました。ゴールドマン・サックス・アセット・マネジメントは、２０２０年４月に「取締役会に女性がいない会社の取締役選任議案に反対する」という議決権行使の基

図 1-4 上場企業の役員に占める女性の割合の推移

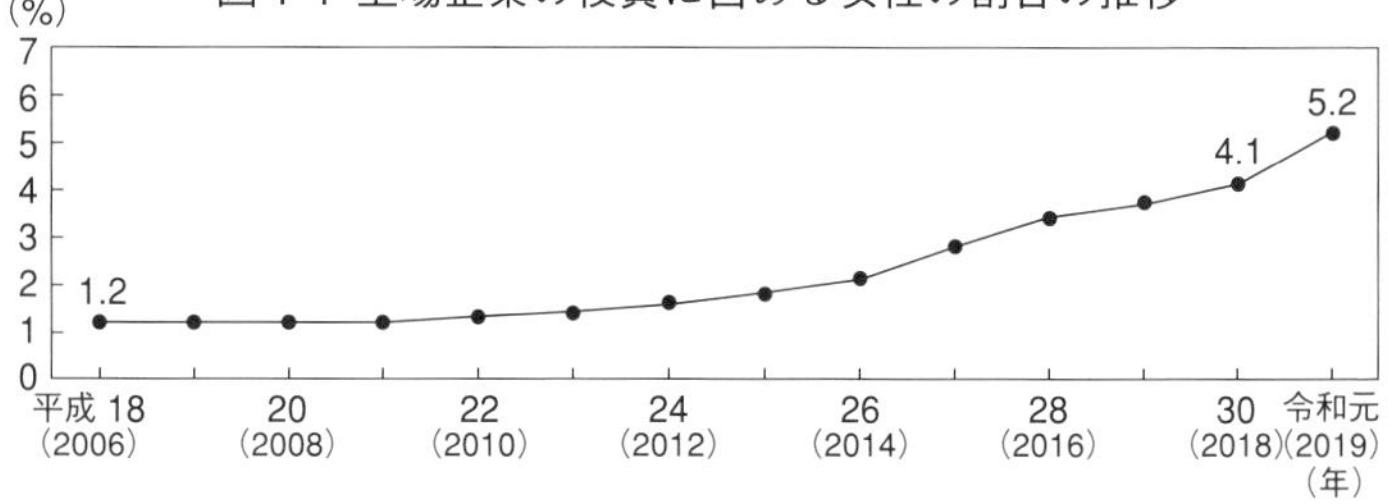

出典）男女共同参画白書（令和２年版）

準を発表しました。２０２０年夏の株主総会では、約４００の企業で反対票を投じました。２０１９年に上場会社など１７５９社のうち、女性取締役がいた企業は40％。そのうち８割は１人だけというデータがあります（全国株懇連合会）。

本来は、社内から女性の取締役が誕生することが望ましいです。しかし、そのためには、もっと早くからその候補者の育成が必要であり、時間を要するでしょう。まずは社外取締役として、女性を登用してみてはいかがでしょうか。ただし、経営経験のある女性の人材は限られるため、今後争奪戦が予想されています。女性の社外取締役が誕生したら、社内の取締役候補者を育てるため、メンターの役割を担ってもらうのも一つのアイデアだと思います。

M字カーブは本当に解消した？

次に少し視点を広げて、社会全体における女性の働き方の変化をみていきましょう。ここでよく参照されるのが「M字カーブ」です。M字カーブとは、年齢別に見た女性の労働力率（15歳以上の人口に占める労働力人口〈就業率＋完全失業率〉の割合）のグラフで特徴的な曲線のことです。結婚・出産時期に当たる年代に一旦低下し、育児が一段落したら再び働き出す女性が多いという日本の特徴を反映したグラフと言われていました。

１９７８年からの変化を見ると、現在も「M字カーブ」を描いているものの、そのカーブは以前に比べて浅くなってきています。またＭ字の底となる年齢階級も上昇しています。

１９７８年は25～29歳（46・６％）がＭ字の底となっていましたが、25～29歳の労働力率は次第に上がり、２０１８年では83・９％と、年齢階級別で最も高くなっています。なお、２０１８年には35～39歳（74・８％）がＭ字の底となりました（図１―５）。

また、労働力率が低下し始めてから再度上昇するまでのＭ字の谷にあたる期間も短くなっています。１９７８年は、谷の両端は20～24歳と45～49歳で期間は約25年でしたが、２０１８年には25～29歳と40～44歳となっており、期間は約15年となりました。

そして、２０１９年に女性の就業者数が３０００万人を突破したころから「Ｍ字カーブは解消し、女性の活躍が進んだ」と言われるようになったのです。

しかし、女性の雇用者のうち、半数以上は非正規労働

図 1-5 女性の年齢階級別労働力率の推移

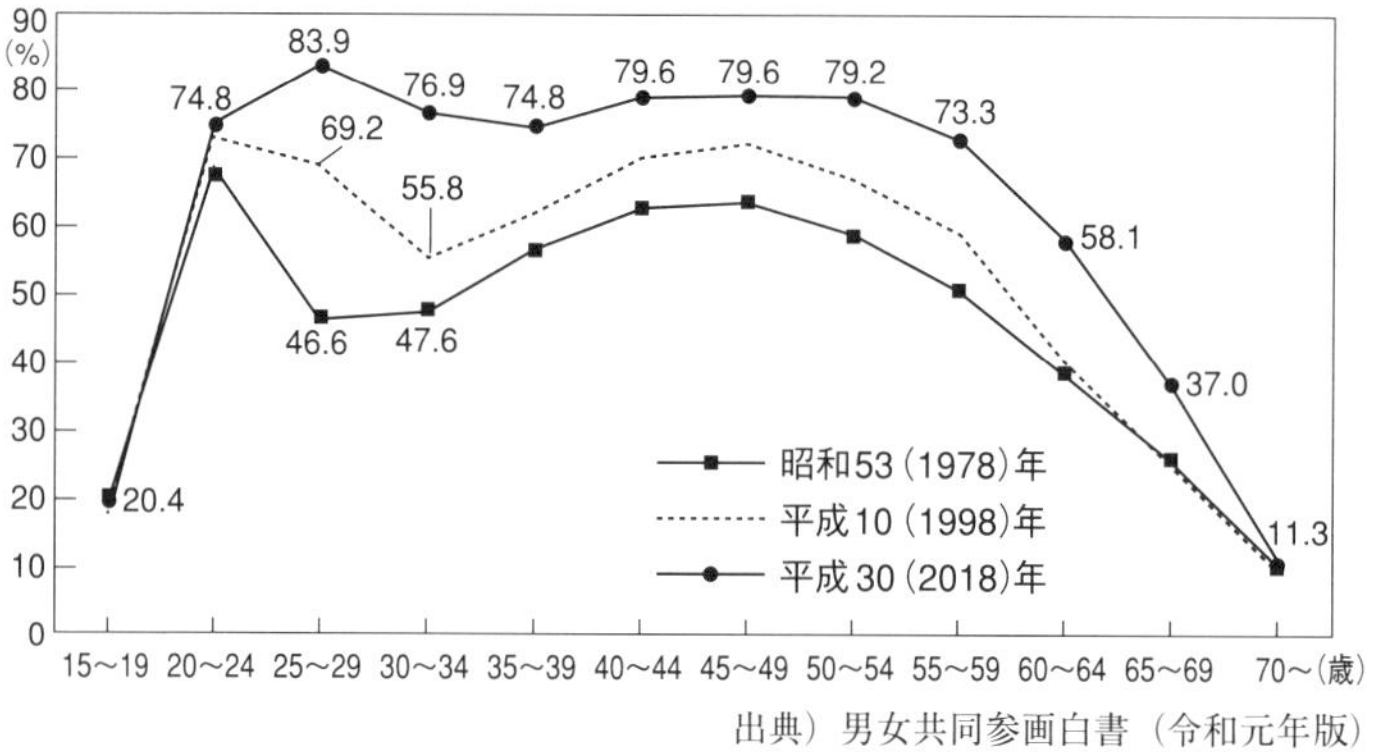

出典）男女共同参画白書（令和元年版）

者が占めます。そして年齢が上がるに伴い、女性の非正規雇用の割合は上昇しています。新型コロナウイルスの感染拡大の影響を受けたのも、非正規雇用の女性たちだったのです。

本書では、このあと正規雇用の女性の活躍を中心にみていきますが、本来の意味での「女性活躍」には、女性労働者の正規雇用化が不可欠であることをも見逃してはなりません。

なぜ、日本では、結婚・出産期に、仕事を辞めてしまう女性がいるのでしょうか。

第1子出産前後に依然5割弱の女性が退職している

女性の出産前後の就業をめぐる状況をみると、第1子を出産した既婚女性で、第1子の出産前に就業していた女性のうち、出産後に就業を継続した女性の割合は、これまで4割前後で推移してきましたが、2010年から2014年に第1子を出産した既婚女性では、53・1％へと大幅に上昇しました。しかし、未だ5割弱の女性が退職しているとも読み取ることができます（図1－6）。この状況をもって、女性の社会進出が十分に実現したとは、とうてい言えそうもありません。

2018年に実施された調査によると、第1子の妊娠・出産を機に仕事を辞めた理由としては、「子育てをしながら仕事を続けるのは大変だったから」が最も高く、過半数の方が理由として挙げています。続けて「子育てに専念したかったから」「自分の体や胎児を大事にしたい

図 1-6 第 1 子出生年別にみた、第 1 子出産前後の妻の就業変化

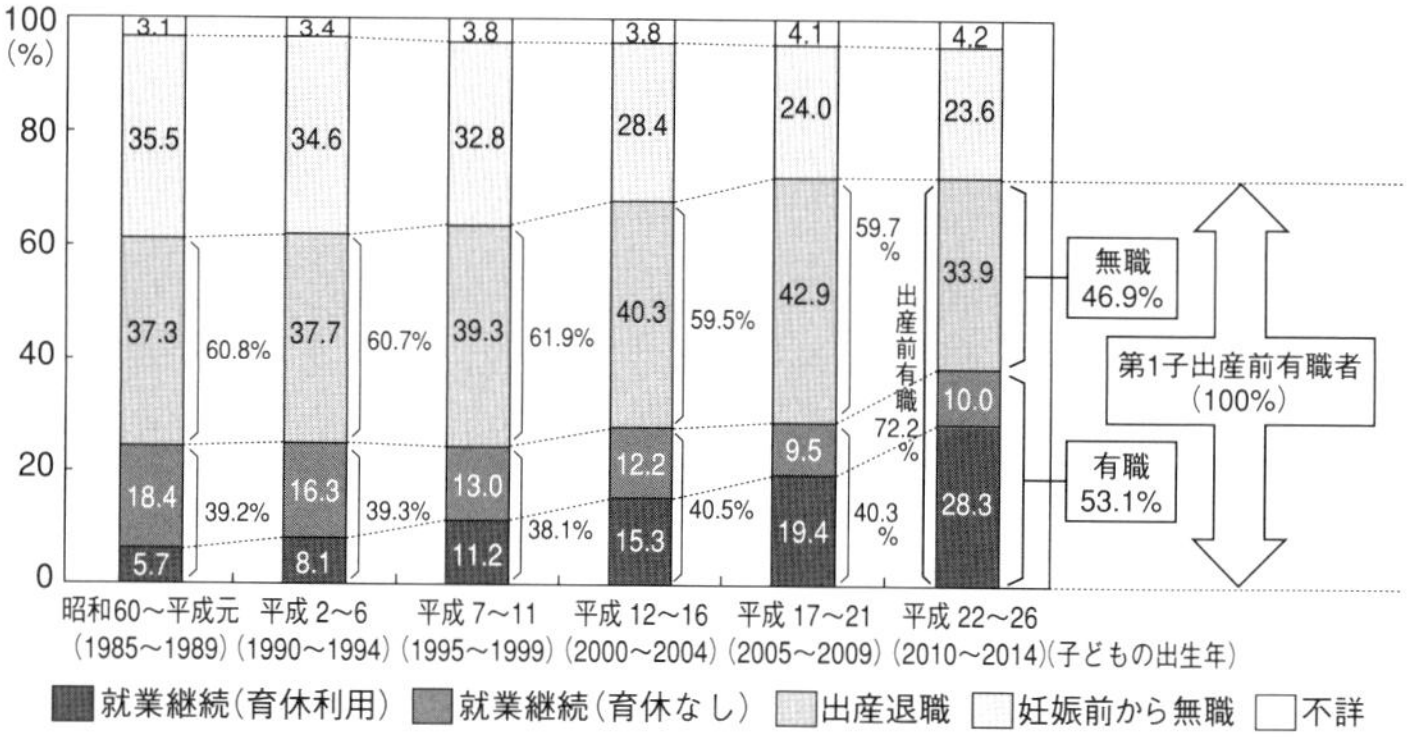

出典）男女共同参画白書（令和 2 年版）

図 1-7 第 1 子の妊娠・出産を機に仕事を辞めた理由
（子どもがいる 25 ～ 44 歳の既婚女性）

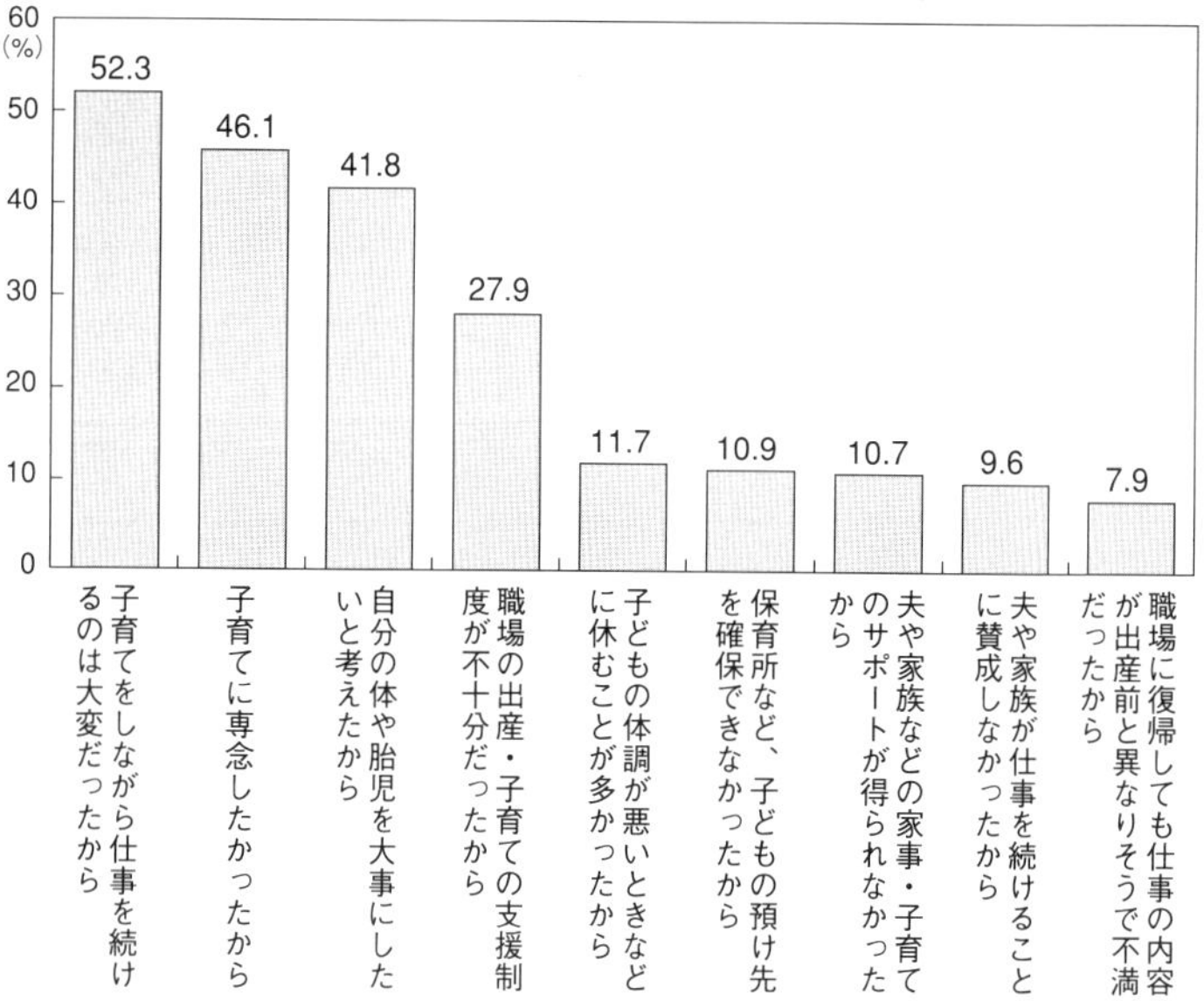

出典）男女共同参画白書（令和 2 年版）

と考えたから」を4割以上の方が挙げています。また「職場の出産・子育ての支援制度が不十分だったから」と3割弱の方が挙げています。ここでも、職場における仕事と子育ての両立支援制度へのニーズの高さがうかがえます。

上位に挙げられている「子育てをしながら仕事を続けるのは大変だったから」「自分の体や胎児を大事にしたいと考えたから」という理由は、育児・家事を女性が一人で行っていること（ワンオペ育児）と大きく関連しているでしょう。

2　何が女性活躍を阻むのか？

ここまで日本の女性活躍が国際的にも、非常に遅れていることをみてきました。女性活躍を進めるには、「仕事と子育ての両立支援策」と「男女雇用機会均等施策」の両輪が必要ですが、ここでは、前者の「仕事と子育ての両立支援策」を中心に、それを必要とさせている社会全体の問題と、企業における問題について、より深く分析していきたいと思います。

最大の問題はアンコンシャス・バイアス〜女性は守ってあげる存在!?

アンコンシャス・バイアスとは、「自分自身では気づいていない（無意識の）ものの見方やとらえ方の歪みや偏り」を指します。日本では２０１３年ごろから、研究者やメディアの間で取り上げられるようになった概念です。

□女性が家事、育児を担うべきである
□男性は子育てよりも仕事を優先すべきである
□小さな子どものいる女性は、仕事よりも子育てを大切にした方が良い
□男性は女性に優しくするべきである　など

たとえば、子どもが急に熱を出して、保育所から連絡があり、急きょ帰宅することになった女性社員に「いいよいいよ、早く帰って。母親は一人しかいないんだから」と周囲が声をかけることがよくあります。言われた女性はどうでしょうか。「母親は一人しかいない」という言葉から、「子どもが病気の時は、母親がそばにいて看病するもの」「小さな子どもを持つ女性は、仕事よりも子育てを優先すべき」というメッセージを受け取り、傷ついたり、罪悪感を感じることもあるのです。この話を男性経営者の方にすると、「だって、男性の本性として、女性を守ってあげたいという気持ちがあるから、そう声をかけたんだよ。優しい気持ちからなんだ」と言われたことがあります。優しい気持ちは、とてもうれしいものです。しかし、優しい言葉によ

り、職場で自分が必要とされているという実感が持てず、モチベーションが下がってしまうこともあるのです。これを「優しさの勘違い」と表現することがあります。

アンコンシャス・バイアスは、女性を含めた多様な人材をマネジメントする際に、大きな障壁となることがあるのです。まずは自分自身の持つアンコンシャス・バイアスに気づくことから始めてみてはいかがでしょうか。

ここで「夫は外で働き、妻は家庭を守るべきである」という考え方に関する意識についてデータを見てみましょう。２０１９年の結果を男女それぞれ年齢別に見ますと、70代男性では、賛成が上回る結果となっています。60代男性は反対が上回っていますが、０・８％しか差がありません。多くの企業のトップ及び経営層がこの年代だと思います。

表 1-3 「夫は外で働き、妻は家庭を守るべきである」という考え方に関する意識の現状（男女別・年齢階級別）

	年代	賛成		反対
女性	18〜29	29.0	＜(40.3)	69.3
	30〜39	32.2	＜(9.1)	41.3
	40〜49	31.3	＜(16.5)	47.8
	50〜59	27.1	＜(18.1)	45.2
	60〜69	26.3	＜(19.5)	45.8
	70〜	37.3	＜(4.5)	41.8
男性	18〜29	33.4	＜(5.1)	38.5
	30〜39	28.2	＜(19.4)	47.6
	40〜49	38.5	＜(3.1)	41.6
	50〜59	34.5	＜(8.6)	43.1
	60〜69	39.5	＜(0.8)	40.3
	70〜	49.5	＞(17.6)	31.9

内閣府「男女共同参画社会に関する世論調査」（令和元年）より著者作成

また、その世代の親を見て育ったであろう40代男性は、反対が上回っていますが、3・1%差と、その上の50代男性より保守的な考えを持っているようです（表1―3）。子育て中の社員の直属の上司の年代ではないでしょうか。ご自身の価値観を変える必要はないですが、部下の多様な価値観を受け入れて、応援してほしいと強く思います。

仕事と子育ての両立の最初の壁は「保活」
～希望の時期に、保育所に入れない

とは言っても、意識を変えるだけでは、仕事と子育ての両立は実現できるものではありません。

厚生労働省の2020年9月の発表では待機児童数は1万2439人（前年比4333人）と減少傾向にはあるものの、政府が「子育て安心プラン」で2020年度末までの目標としていた待機児童ゼロ

図1-8 保育所等待機児童数及び保育所利用率の推移

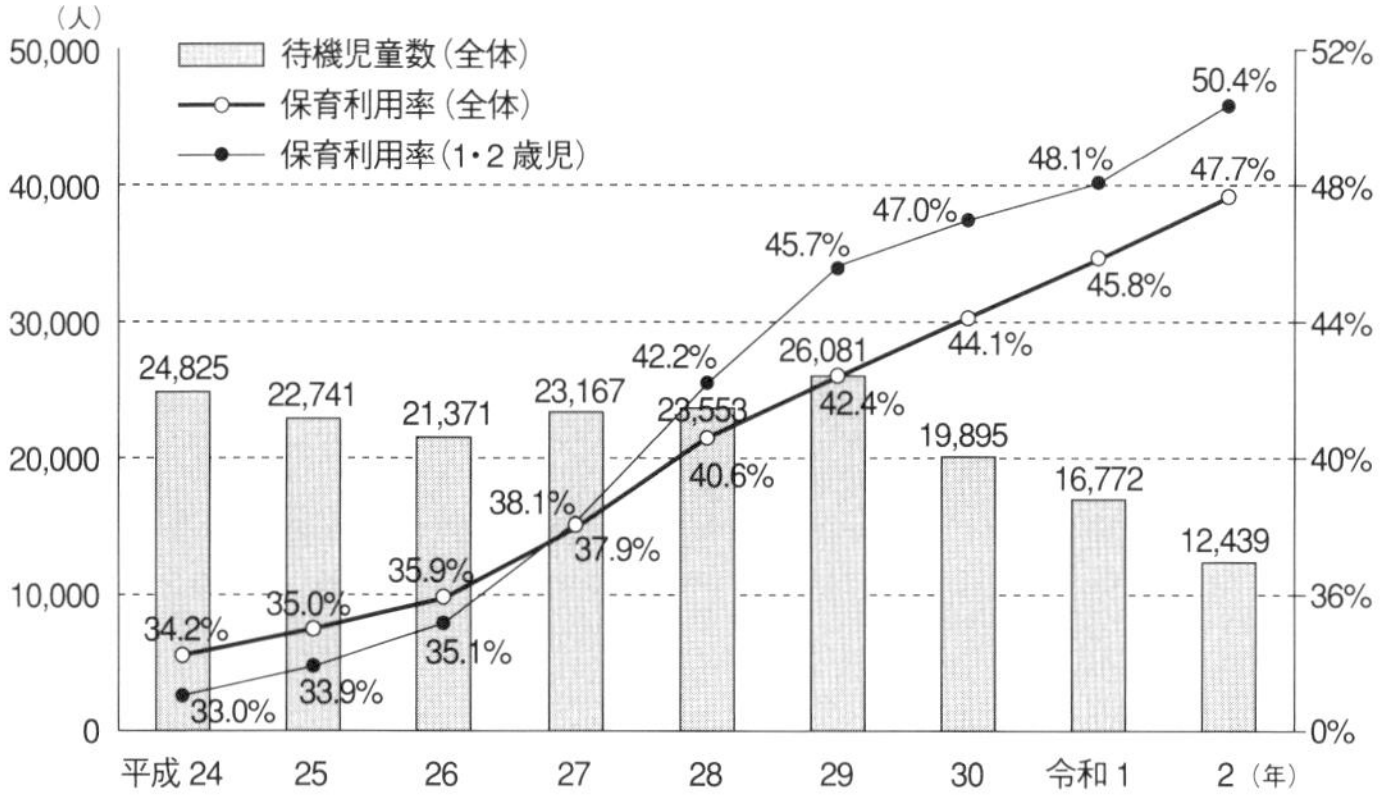

出典）厚生労働省子ども家庭局 公表資料（令和2年9月4日）

については達成を来年度以降に先送りすることとし、必要であると試算されている約14万人分の保育の受け皿整備は2024年度末までの課題とされています。

この政府の発表する待機児童数には、兄弟姉妹を同じ保育所に通わせたいが叶わずに、やむなく別の保育所に入れていたり、認可保育所に入れなかったので、認可外保育所に入れていたりした場合は、カウントされません。こうした子どもたちは「隠れ待機児童」とも呼ばれており、厚生労働省の統計によると、東京都内では1万人を超えています。日本全体で見ると、かなりの数の待機児童がいると想定されます。

2021年の保活（子どもを保育所に入れるために保護者が行う活動）については、4月の入所に向けて認可保育施設に申し込んだものの、1次選考で落選した子どもが全国の主要55自治体で4万人を超えるなど、エリアによっては「狭き門」が続いています。

激戦区では、何月に出産しても、4月が一番保育所に入所しやすいため、この時期に復帰する人が集中します。1歳児よりも0歳児の方が入所できる確率は高くなっています。たとえば9月に出産した場合、本来は翌年の8月末まで1年間育休を取得したいと思っても、年度途中での保育所入所が難しいため、3月末で切り上げ、生後7カ月で子どもを預ける方が、希望の保育所に入所しやすいことになります。希望の時期に出産して復帰するのが難しいという、安心して子どもを生み育てられない環境も、子育てと仕事の両立を阻む大きな要因となっています。

表 1-4 認可保育施設１次選考の落選率
東京 23 区と政令指定都市の場合（朝日新聞調査）

＜2018 年＞

	東京 23 区		前年比率
1	千代田区	44.6	↗
2	港区	43.0	↗
3	江東区	41.3	→
4	目黒区	40.5	↘
5	中央区	39.8	↘
6	文京区	36.5	↘
7	世田谷区	36.0	↘
8	大田区	32.9	↘
9	渋谷区	32.9	↘
10	墨田区	31.2	↘
11	練馬区	30.3	
12	江戸川区	30.2	↘
13	杉並区	29.3	↘
14	足立区	27.2	↘
15	板橋区	25.5	↘
16	新宿区	24.4	↗
17	品川区	24.1	↘
18	葛飾区	21.6	↗
19	荒川区	21.5	↘
20	豊島区	16.9	↘
21	北区	16.5	↘
22	台東区	回答なし	
23	中野区	回答なし	

	政令 20 市		前年比率
1	岡山市	36.9	↗
2	川崎市	35.1	↗
3	札幌市	34.1	
4	さいたま市	29.9	↘
5	北九州市	29.8	↘
6	神戸市	28.4	↗
7	堺市	26.3	↗
8	浜松市	26.2	↘
9	大阪市	25.3	↗
10	横浜市	24.4	↘
11	福岡市	23.4	↘
12	熊本市	22.3	↘
13	仙台市	22.1	↘
14	相模原市	19.9	↘
15	千葉市	16.0	↘
16	静岡市	13.1	↘
17	京都市	10.5	↘
18	名古屋市	10.4	↗
19	新潟市	6.9	↗
20	広島市	回答なし	

※江東区、中央区、江戸川区は転所を含み、江戸川区は私立の２次募集分も含む。
目黒区は家庭福祉員内定者も含む。
葛飾区は一部の転出予定者を除く

※さいたま市、京都市、堺市は転所を含む
神戸市は転所に加え、他市からの申し込みも含む。

＜2019 年＞

	東京 23 区		前年比率
1	港区	52.2	↗
2	世田谷区	40.2	↗
3	台東区	40.0	↗
4	中央区	39.9	↗
5	江戸川区	37.5	↗
6	渋谷区	34.6	↗
7	中野区	33.8	↗
8	江東区	32.3	↘
9	文京区	31.5	↘
10	千代田区	28.9	↘
11	墨田区	28.4	↘
12	目黒区	28.3	↘
13	大田区	27.7	↘
14	練馬区	27.1	↘
15	品川区	27.0	↗
16	足立区	25.9	↘
17	北区	23.5	↗
18	板橋区	22.8	↘
19	新宿区	22.6	↘
20	杉並区	22.0	↘
21	荒川区	20.6	↘
22	豊島区	20.5	↗
23	葛飾区	16.7	↘

	政令 20 市		前年比率
1	岡山市	34.2	↘
2	札幌市	33.6	↘
3	川崎市	32.4	↘
4	さいたま市	31.9	↗
5	神戸市	30.2	↗
6	熊本市	27.9	↗
7	北九州市	27.8	↘
8	浜松市	27.4	↗
9	大阪市	26.8	↗
10	横浜市	25.2	↗
11	相模原市	22.4	↗
12	仙台市	21.9	↘
13	堺市	21.7	↘
14	福岡市	21.7	↘
15	千葉市	17.1	↗
16	静岡市	16.9	↗
17	京都市	12.1	↗
18	新潟市	3.5	↘

※台東区は転所を含め、江戸川区は私立のみで回答。目黒区は家庭福祉員内定者を含む。中野区は３月４日時点。

※名古屋市、広島市は回答せず。大阪市、堺市、京都市、神戸市は転所を含めて回答。

	東京23区		前年比率
1	港区	41.0	↘
2	台東区	39.5	↘
3	中央区	39.4	↘
4	品川区	38.6	↗
5	世田谷区	36.4	↘
6	江戸川区	30.5	↘
7	墨田区	28.6	↗
8	中野区	27.3	↘
9	江東区	26.5	↘
10	新宿区	25.5	↗
11	渋谷区	25.2	↘
12	大田区	24.8	↘
13	文京区	24.4	↘
14	杉並区	23.6	↗
15	練馬区	23.4	↘
16	目黒区	23.3	↘
17	板橋区	23.2	↗
18	北区	22.1	↘
19	豊島区	20.5	→
20	足立区	20.3	↘
21	荒川区	18.2	↘
22	葛飾区	17.4	↗
23	千代田区	14.4	↘

	政令20市		前年比率
1	岡山市	36.1	↗
2	熊本市	32.9	↗
3	浜松市	32.8	↗
4	さいたま市	31.8	↘
5	札幌市	31.3	↘
6	川崎市	30.8	↘
7	神戸市	29.4	↘
8	大阪市	29.0	↗
9	横浜市	25.1	↘
10	千葉市	21.6	↗
11	福岡市	20.1	↘
12	相模原市	19.9	↘
13	堺市	19.4	↘
14	仙台市	18.6	↘
15	静岡市	14.8	↘
16	京都市	11.9	↘
17	新潟市	5.9	↗

＜2020年＞

※台東区、品川区、江戸川区は転所希望者を含めて回答。世田谷区は転所希望者、継続利用者を含めて回答。

※名古屋市は回答せず。広島市、北九州市は申込者数のみ回答。さいたま市、大阪市、堺市、神戸市は転所希望者を含めて回答。京都市は転所希望者などを含め、内定者数は2月14日現在の参考値。仙台市の内定者数は面接通知送付件数。

	東京23区		前年比率
1	港区	40	↘
2	世田谷区	35	↘
3	台東区	33	↘
4	品川区	33	↘
5	中央区	31	↘
6	江戸川区	26	↘
7	江東区	22	↘
8	新宿区	22	↘
9	大田区	22	↘
10	文京区	22	↘
11	足立区	22	↗
12	渋谷区	21	↘
13	杉並区	21	↘
14	練馬区	21	↘
15	中野区	20	↘
16	板橋区	20	↘
17	墨田区	19	↘
18	目黒区	19	↘
19	荒川区	19	↗
20	北区	17	↘
21	豊島区	17	↘
22	葛飾区	15	↘
23	千代田区	13	↘

	政令20市		前年比率
1	札幌市	28	↘
2	浜松市	28	↘
3	川崎市	26	↘
4	大阪市	26	↘
5	神戸市	26	↘
6	熊本市	26	↘
7	岡山市	25	↘
8	さいたま市	24	↘
9	横浜市	24	↘
10	相模原市	23	↗
11	堺市	19	↘
12	仙台市	17	↘
13	千葉市	16	↘
14	京都市	14	↗
15	静岡市	13	↘
16	福岡市	13	↘
17	新潟市	4	↘

＜2021年＞

※台東区は転所含む。

※名古屋市、広島市、北九州市は回答せず。堺市は転所含む。

女性に偏る育児・家事・介護の負担～体力的にも精神的にも限界

男性の意識も徐々には変わりつつあるものの、未だに女性１人で子育てと家事のすべてをこなすワンオペ育児は多く、育児・家事負担が女性に偏重している状況にあります。海外の先進国と比較してみても、日本の男性の育児・家事時間は低い水準に留まっている一方で、妻の育児・家事時間は長時間化しています。このような過酷な状況にあっては２人目の子どもを望まない家庭も出てきているのが実情です。共働き世帯が６割を超え、さらに祖父母世代の現役共働きも増えている中では、親族の手助けに頼ることも難しくなり、両立がさらに難しい状態となってきています。

夫婦の家事・育児・介護時間と仕事時間の推移を見ていきましょう（図１―９）。

妻の「家事・育児・介護時間」は、共働き世帯においては期間を通じて４時間10～20分の間で推移していますが、専業主婦世帯においては７時間24分から６時間53分に減少しています。

夫の「家事・育児・介護時間」は、妻の就業状況により差が無く、１９８６年当時の20分弱から増加して、２０１６年には40分前後となっています。もっとも共働き世帯の妻と比較しても圧倒的に低水準という状況は変わりません。

さらに、６歳未満の子どもを持つ夫婦について、妻の就業状況（共働き世帯か否か）による相違を見てみましょう（図１―９）。

図 1-9 夫婦の家事・育児・介護時間と仕事等時間の推移
（週全体平均、夫婦と子どもの世帯）
（共働きか否か別、1996 年～ 2016 年）

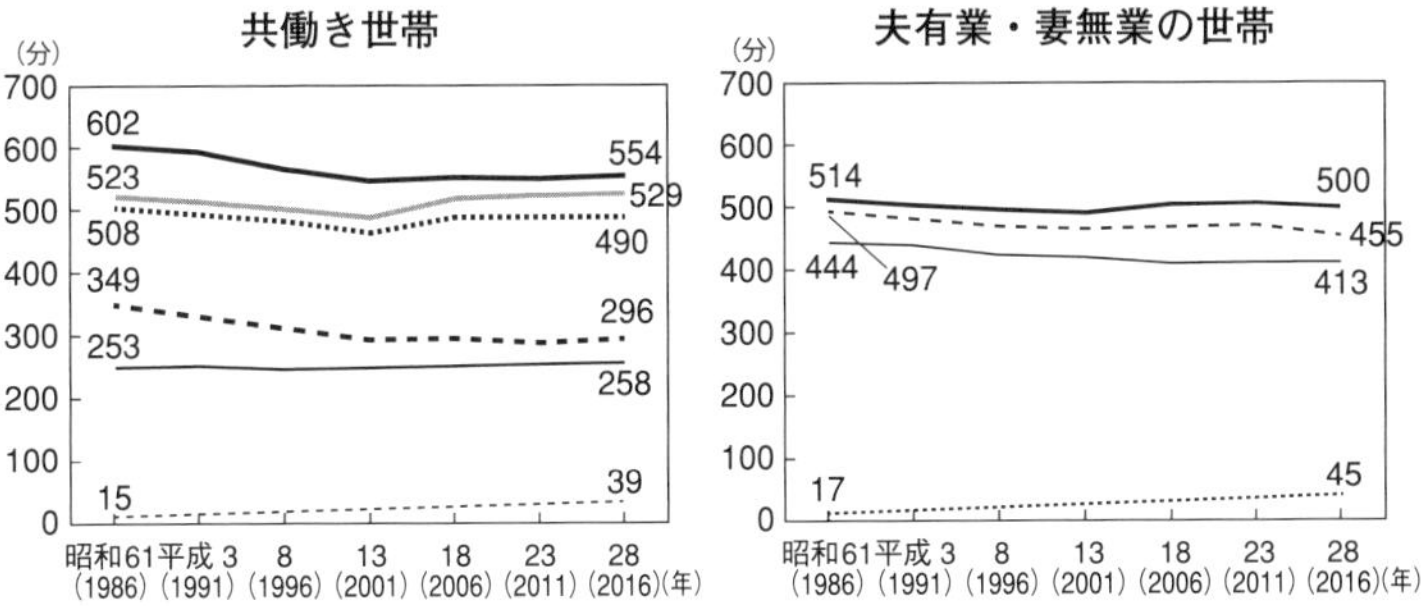

（参考）うち6歳未満の子を持つ夫婦（週全体平均）
（共働きか否か別、平成 18 年→平成 28 年）

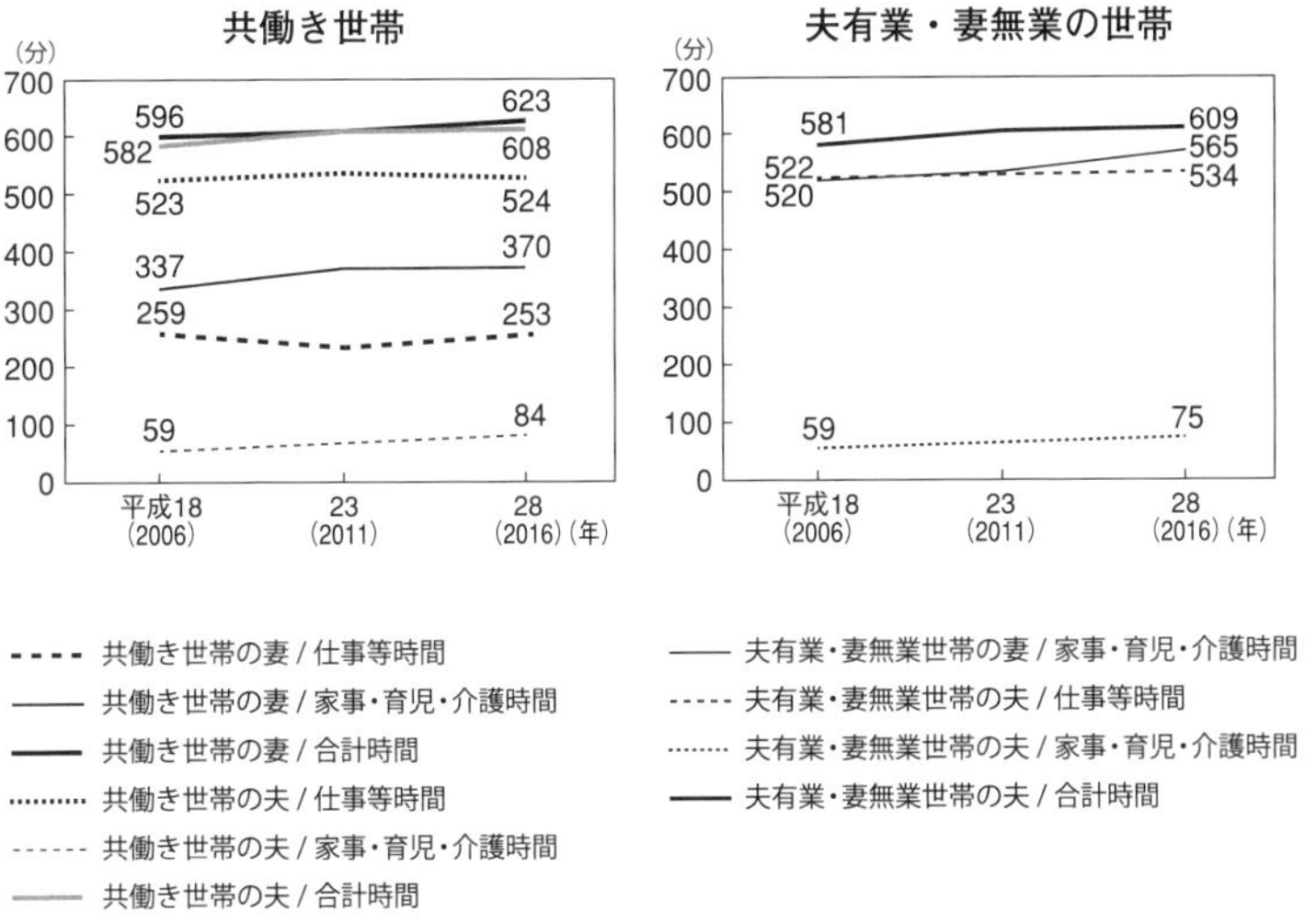

出典）男女共同参画白書（令和 2 年版）

妻の「家事・育児・介護時間」は、共働き世帯において２００６年当時の５時間37分から２０１６年には６時間10分に、専業主婦世帯において同じく８時間40分から９時間25分にいずれも増加しているのです。

夫の「家事・育児・介護時間」は、妻の就業状況により差が無く、２００６年当時の60分弱から微増し、２０１６年には80分前後となっています。共働き世帯においても夫は妻の２割程度の低水準であるという状況は、期間を通じて変わらないのは大きな問題です。

海外と比較すると、先進国中最低の水準にとどまっているのが現状です（図１―10）。

夫婦の育児・家事・介護時間の大きな差は、夫婦間の愛情にも関わってきます。

女性の愛情曲線が下降してそのまま「愛のない夫婦」になるか、愛情が徐々に回復して「愛のある夫婦」になるかは、出産直後から乳幼児期の夫のふるまいにかかっているとの調査結果が出ています（図１―11）。パートナーとの良好な関係維持は、子育てが終了した後の夫婦関係にも大きく影響を与えます。そのような点からも、男性の育児・家事参画は非常に重要であると言えるでしょう。

図1-10　6歳未満の子どもを持つ夫婦の家事・育児の実施状況（1日あたり）～国際比較

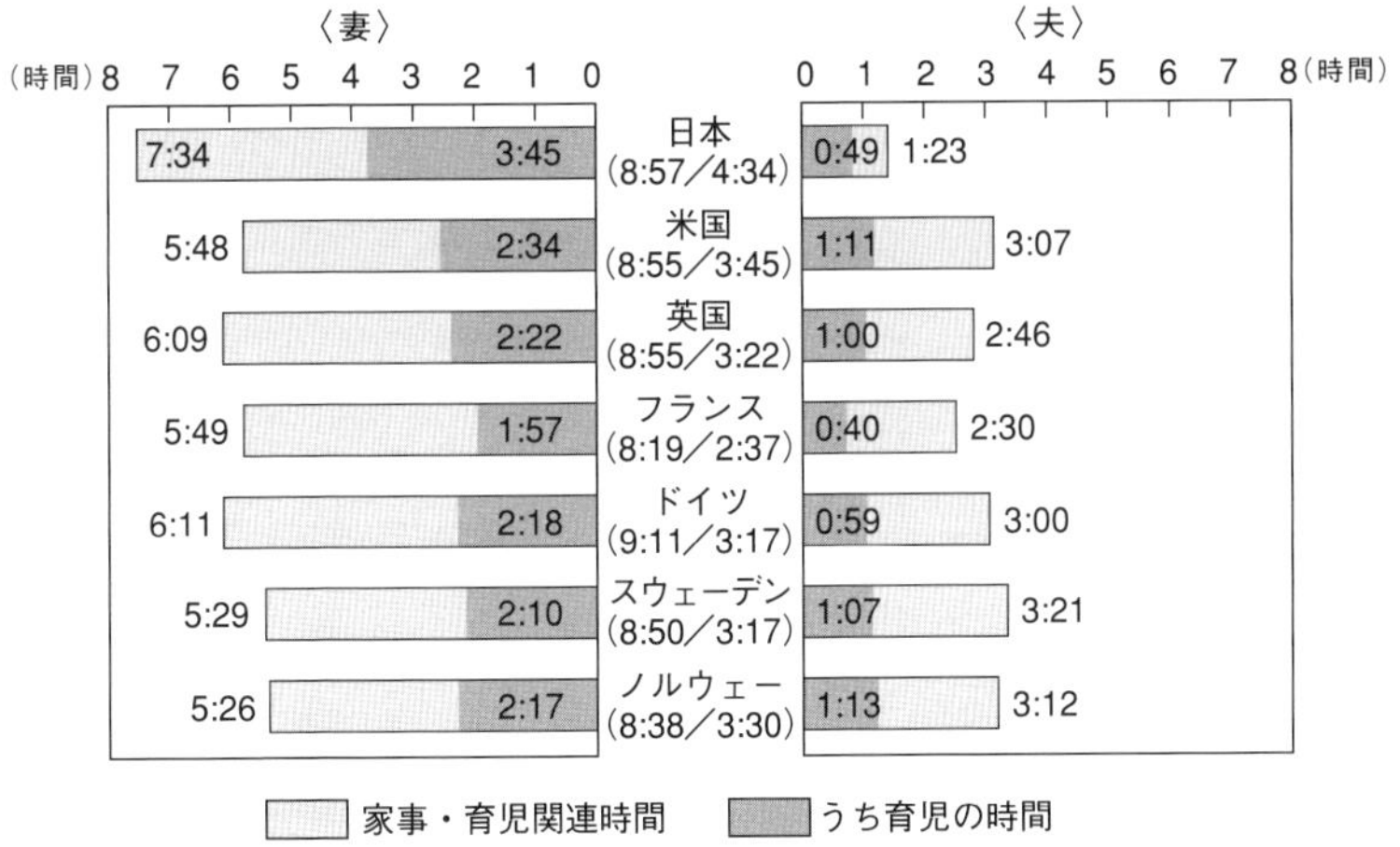

出典）男女共同参画白書（令和2年版）

図1-11　夫婦の愛情曲線の変遷

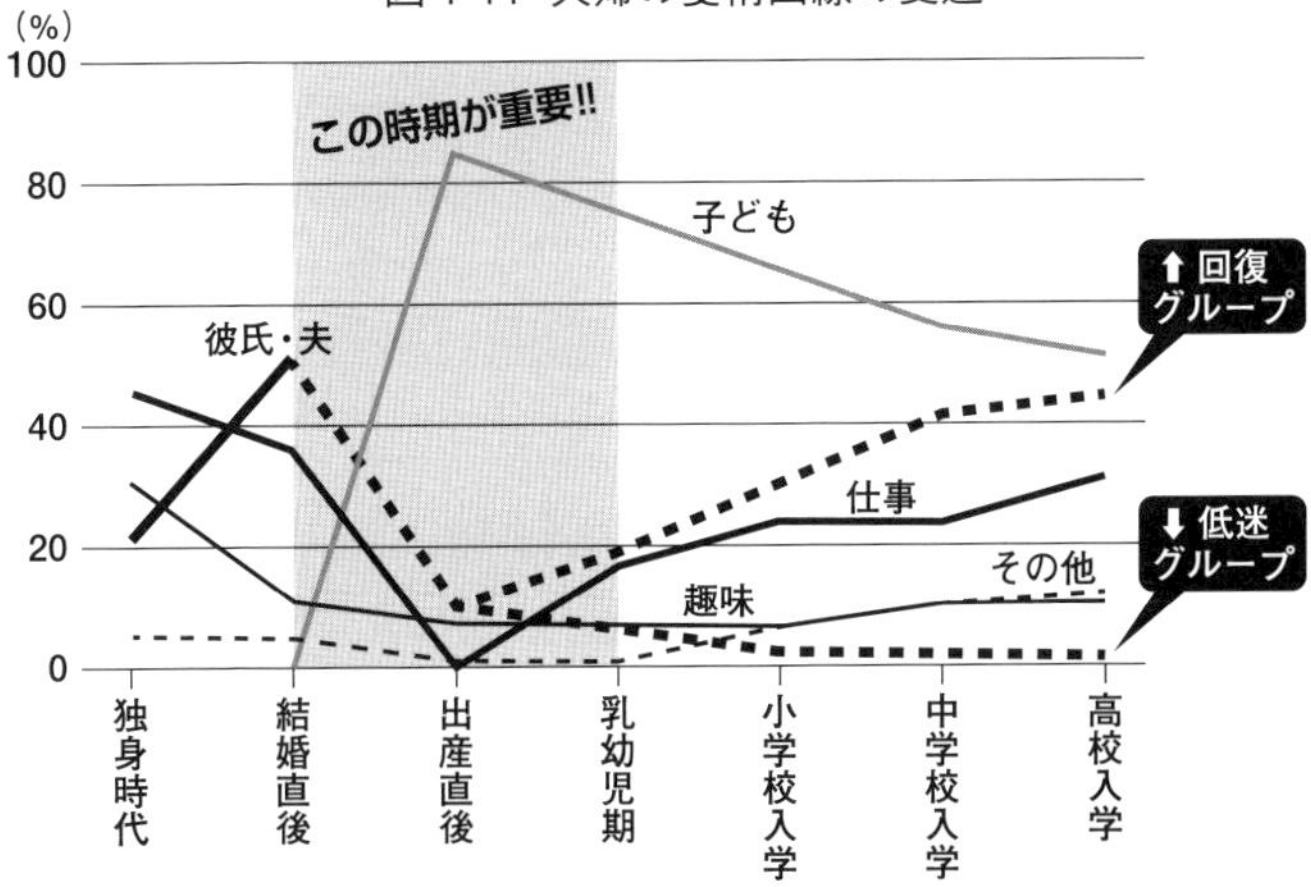

出典）東レ経営研究所ダイバーシティ＆ワークライフバランス研究部長　渥美由喜著「夫婦の愛情曲線の変遷」

男性も主体的に育児にかかわりたい
~しかし男性が育児をすることに優しくない職場

〈子育て期にあたる30~40歳代男性の長時間労働〉

働き方改革関連法案にて時間外労働の上限規制などが法制化されたことで、長時間労働は一定程度改善の方向に進んでいるように思われますが、子育てと仕事の両立という観点からはまだ十分な水準に達していません。

日本の時間あたりの生産性はＯＥＣＤ加盟国37カ国中21位（２０１９年）、主要7カ国では１９７０年以降最下位の状況が続いています。

週60時間以上の長時間労働をしている男性は、どの年齢層においても２００５年以降少しずつ減少傾向にあります。しかし、子育て期にある30歳代、40歳代の男性については、２０１９年で12・４％が週60時間以上就業しており、ほかの年齢層に比べ高い水準となっ

図 1-12 週間就業時間 60 時間以上の雇用者の割合の推移（男女計、男女別）

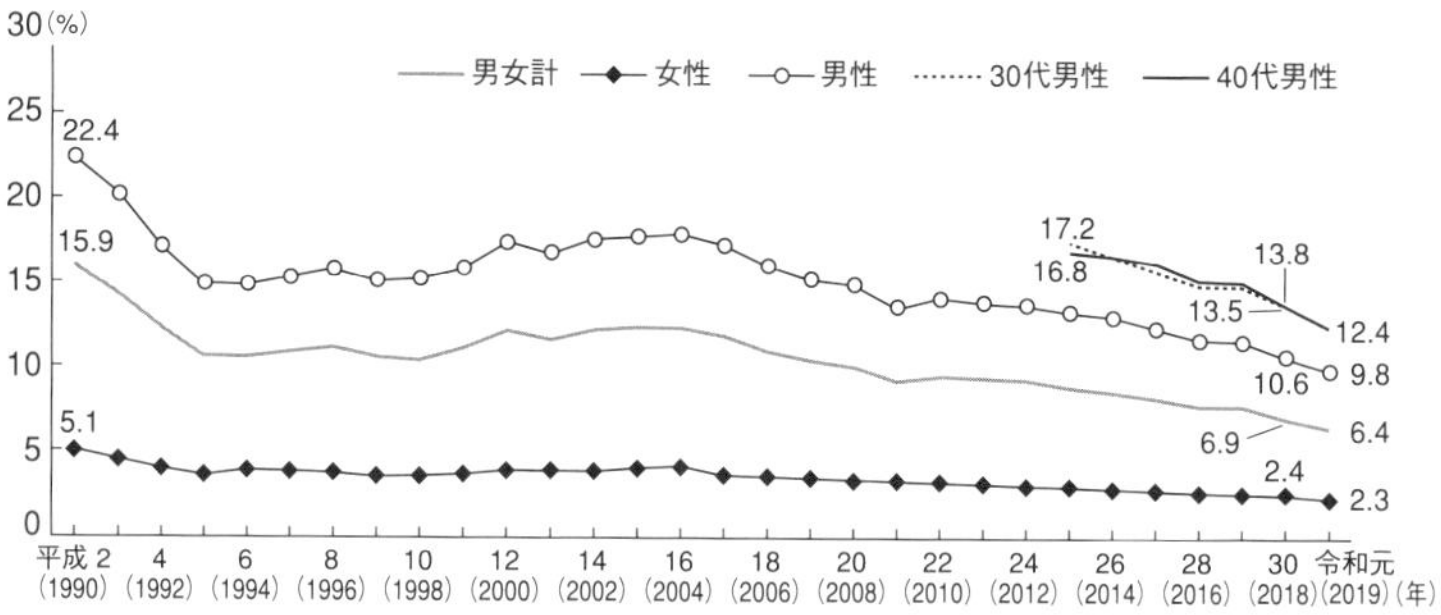

出典）男女共同参画白書（令和２年版）

ているのです（図1―12）。

海外と比較してみましょう。就業時間が週49時間以上の男性就業者の割合をみると、27・3％（2019年）となっており、日本が高い割合となっていることがわかります（図1―13）。

〈低迷する男性育休取得率〉

2021年6月3日、改正育児・介護休業法が成立しました。男性が育児休業を取りやすくするための法整備です。主な変更点は以下の通りです。

▽産後8週間以内に、男性版「産休」が4週間とれる
▽育休が男女とも分割取得できる
▽有期雇用で1年未満の勤務でも取得できる
▽企業に育休取得意向の確認を義務づける
▽千人以上の企業に男性の育休取得率の公表を義務づける

図1-13　男性就業者の長時間労働（週49時間以上）の割合（国際比較）

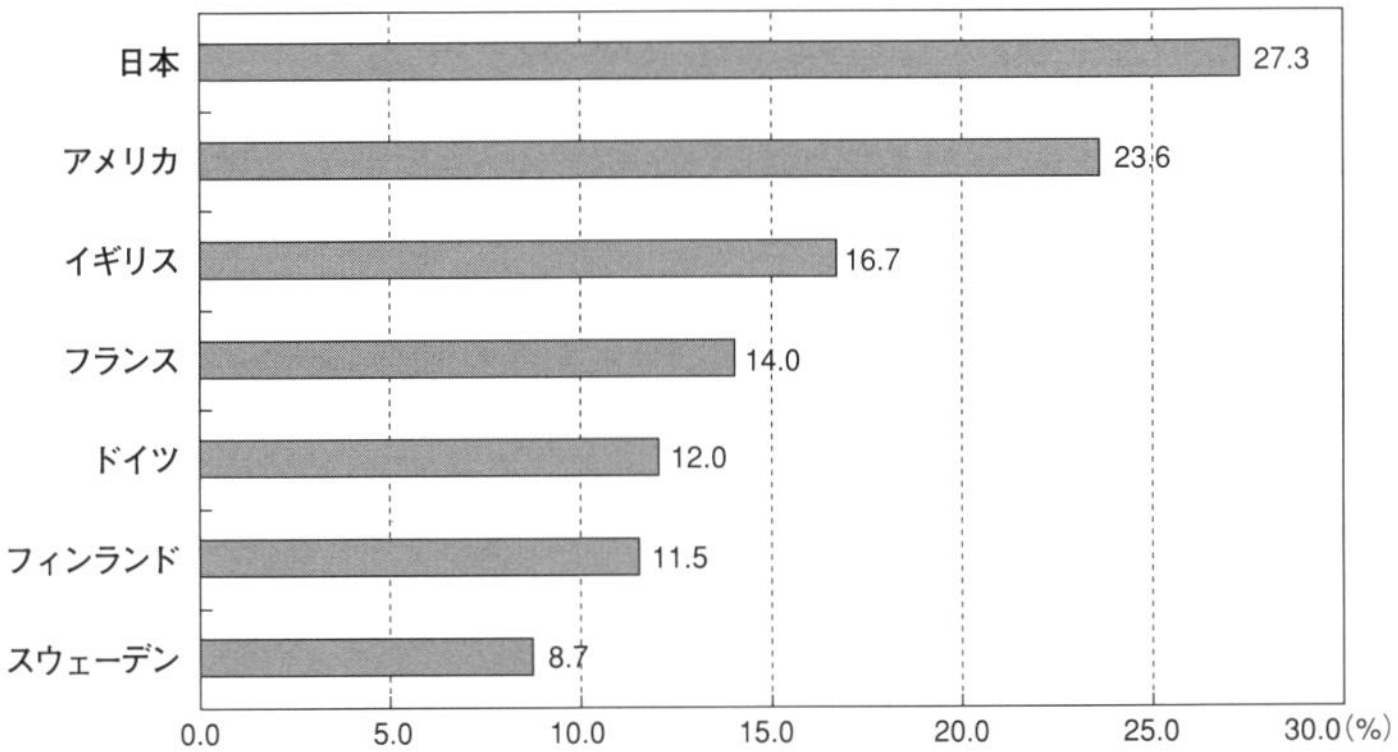

出典）労働政策研究・研修機構「データブック国際労働比較2019」

実際の育児休業取得率は男女で大きな差が生じています。男性の育児休業取得率は、２０２０年度で12・65％（女性81・6％）と低水準に留まっており（図１—14）、取得期間も約８割が１カ月未満となっています（図１—15）。

男性が育児休業取得しない理由としては、業務の都合や職場の雰囲気といったものが挙げられています（図１—16）。育休を取りたいけれど、取れない男性が多いのが現実です。

過去５年間に勤務先で育児に関する制度を利用しようとした男性の26・2％が、育児休業などを理由にした嫌がらせ「パタニティ・ハラスメント」被害の経験があると回答していたことが、厚生労働省の調査で分かりました。

パタニティ・ハラスメントは、通称パタハラとも呼ばれます。育児にもっと積極的に関わりたい

図 1-14 男女別育児休業取得率の推移

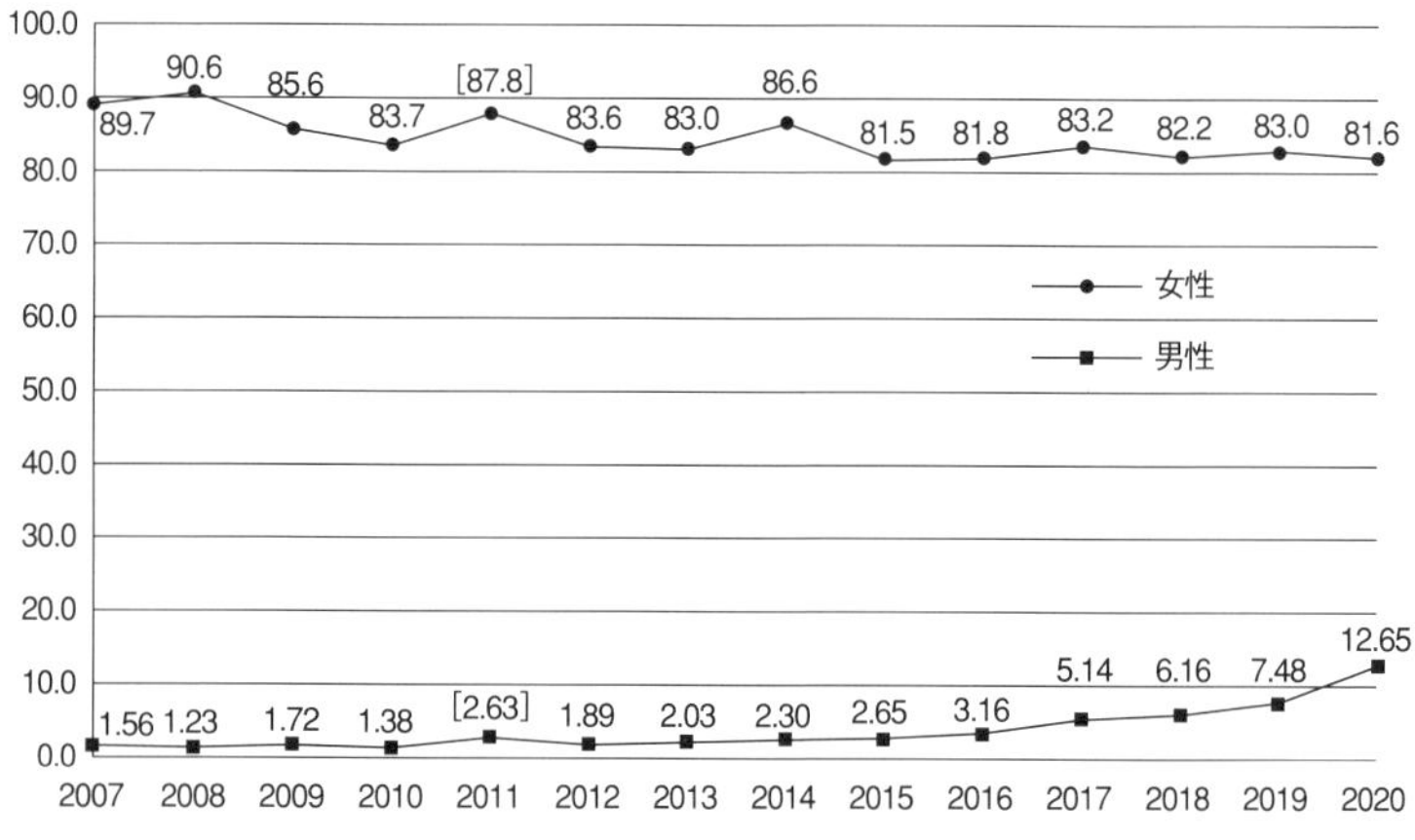

出典）厚生労働省「雇用均等基本調査」

と思っている男性は多くいます。しかし、男性が育児休業を取得したり、保育所の送迎や病院に連れていく等育児のための制度を利用しようとすると、「奥さんは何をしているの?」「子育ては母親の役目でしょう」「残業できないなら降格だ」などと言って、上司や同僚から妨害されることがあります。私が相談を受けた男性は、定時退社をして保育所に迎えに行くのを周囲に知られないように、19階のオフィスから、エレベーターを使わずに、非常階段を使って1階まで降りることがあるとのことでした。

この問題の根幹には、性別役割分担意識があります。男性の育児休業取得が進まない背景の一つには、このパタニティ・

図1-15 育児休業取得期間別割合

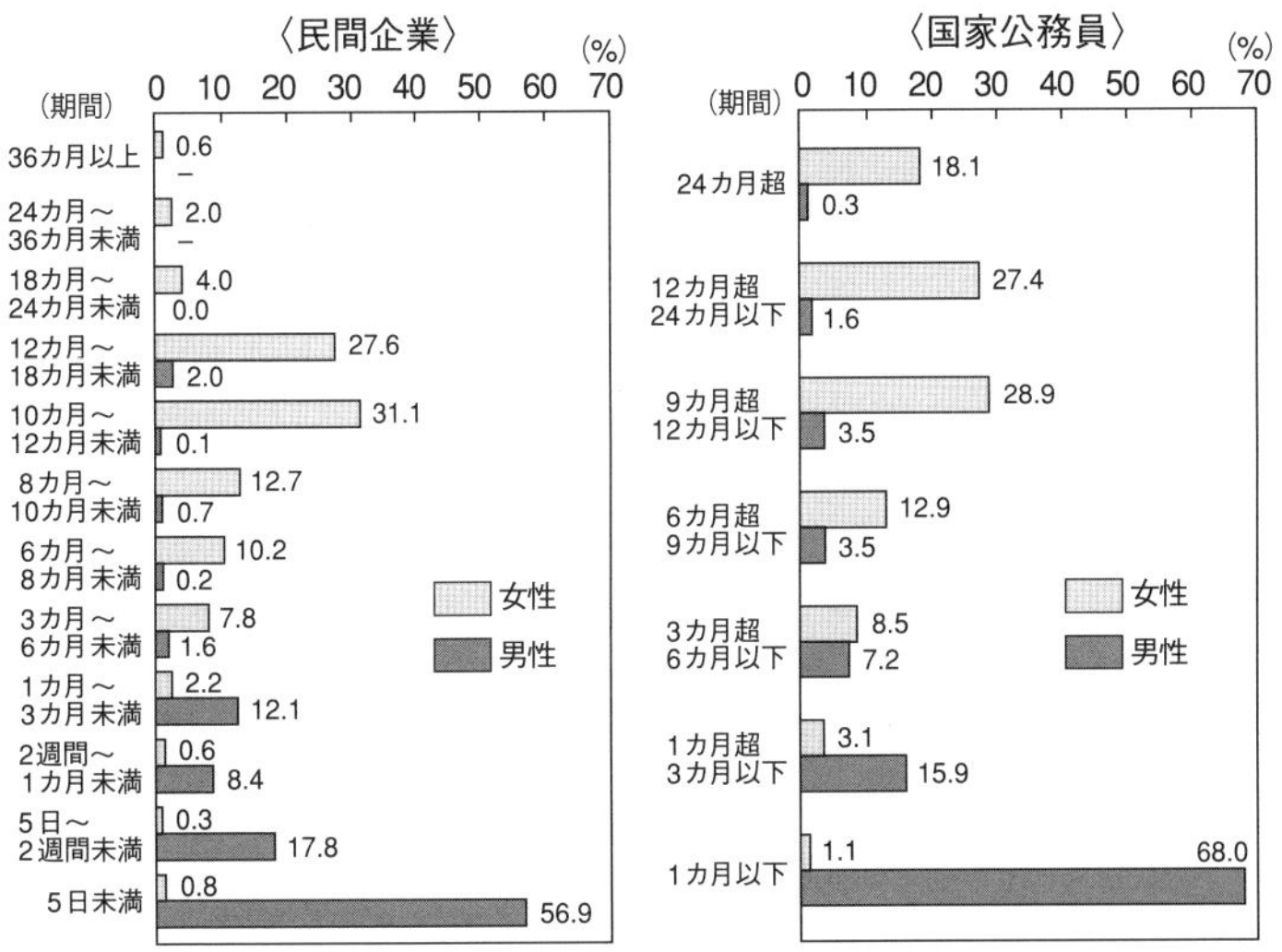

出典）男女共同参画白書（令和元年版）

図1-16 男性が育児休業制度を利用しなかった理由

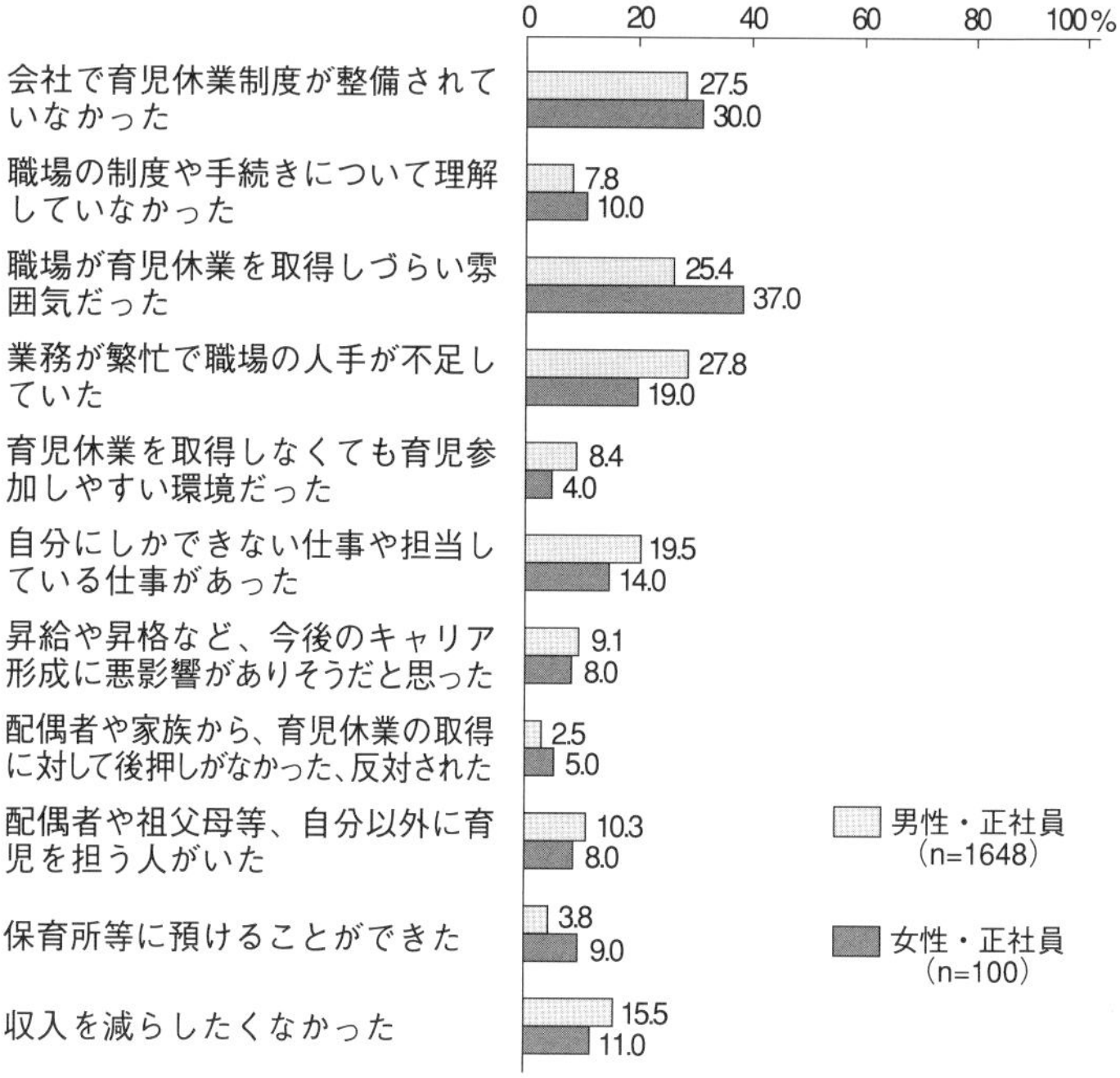

出典）三菱UFJリサーチ＆コンサルティング株式会社「H29年度仕事と子育ての両立に関する実態把握のための調査研究事業報告書」

ハラスメントも関係していると考えられています。

調査によると、パタニティ・ハラスメントの被害にあった経験のある人の割合は、企業規模によって差があり、従業員千人以上だと21・7％だったのに対し、99人以下は31・1％と約10ポイントの開きがありました（図1―17）。

誰からハラスメントを受けたかを尋ねたところ、役員以外の上司が66・4％で最多。役員34・4％、同僚23・7％、部下13・0％

と続きました。

内容としては、育休制度などを利用させなかったり、取るのを邪魔したりする言動のほか、人事考課での不利益な評価やほのめかしなどが目立ちました。

ハラスメント経験者が利用を諦めた制度としては、育休が42・7％で最も多く、残業や深夜業務の免除・制限34・4％、短時間勤務や始業時間の変更が31・3％でした。

マザーネットにも、10年ほど前から、男性からの相談が多く寄せられるようになりました。「育休を取得したいと男性上司に話したら、気持ち悪いと言われた」「もっと育児・家事にかかわりたいと希望したら、将来出世したくないのか、と言われた」など、胸が痛くなるような内容です。女性の部下であれば、ここまで言われることは少ないでしょう。

男性の育休取得が進まないのは、「上司・同僚」、そして「職場の雰囲気」が壁になっている、と言えるでしょう。

図 1-17 「パタニティ・ハラスメント」被害の経験

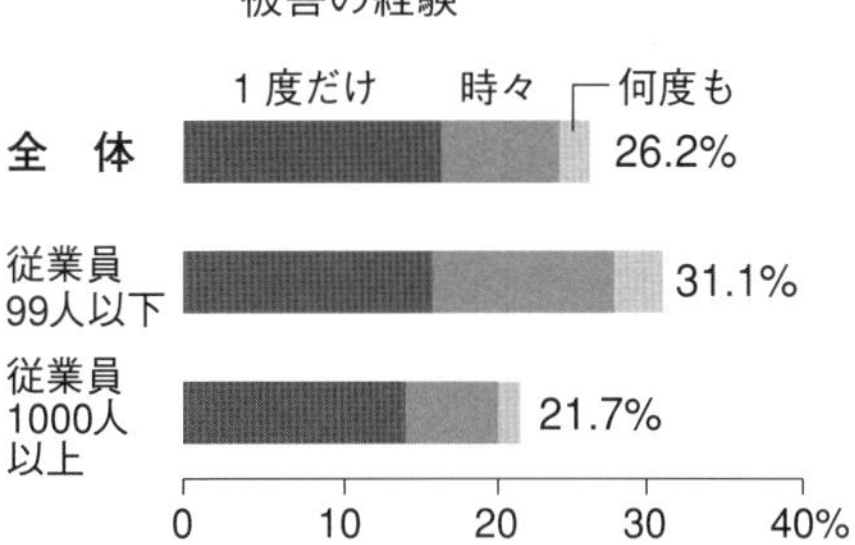

出典）厚生労働省

性別役割のある旧来の価値観と社会の体制 ～「近代家族」観からの脱却

「家庭・子育て」と「仕事」の性別分業主義的規範に根差した旧来の常識、制度、体制から脱却できずにいることも、女性が活躍できない大きな要因であると言えるでしょう。

京都大学文学研究科教授落合恵美子氏は、関西経済同友会子育て問題委員会の講演会にて、以下のように話してくれました。

「『子育てと仕事の両立』が進まず、優秀な女性の活躍が阻害される要因として、『男性は仕事、女性は家庭』が文化的な伝統だという人がいます。しかし歴史的には日本は女性がよく働く国であり、20世紀を通しても、北欧や米国よりも女性の労働力率が高かったのです。しかし1970年代以降に他国が上昇して抜かれ今に至っています。政治、経済と同様に家族や男女観にも戦後体制があり、今当たり前とされる家族観は、実は戦後体制に最適化して作られただけの、歴史の浅い『近代家族』です。女性が働きにくい社会も決して伝統的な文化ではありません。しかし、欧米では不況や脱産業化、高齢化、新しい社会的リスクといった限界に直面し、70年代には社会構造改革を実施しました。一方で、同時期の日本はバブルでの独り勝ちゆえに構造改革を実施せず、反対に高度成長期の体制を固定化してしまい、今になり社会に歪みが生じているのです」

子育てと仕事の両立を実現するための前提として、この「近代家族」観からの脱却が必要であると言えるでしょう。

想定以上のスピードで進む少子化～止めるには「両立支援策」が不可欠

日本では深刻な少子化が進んでいます。1年間に生まれてくる子どもの数は1970年代前半には約200万人でしたが、2020年は前年より2万4407人減って、84万832人でした。1899年の統計開始以来、過去最少となっています。さらに新型コロナウイルス感染拡大の影響で2021年の出生数は78・4万人（2019年の合計特殊出生率1・36が続いた場合の2030年頃の出生数に相当）にまで落ち込むという予測もあり（日本総合研究所）、少子化が10年前倒しで進みかねないという危機的状況にあります。

政府も2003年に少子化対策基本法を成立させ、子育てと仕事の両立や待機児童対策、幼児教育・保育の無償化や働き方改革、男性の育児参画などを推進してきたものの、2020年の合計特殊出生率（15～49歳までの女性の年齢別出生率を合計したもの）は1・34と厳しい状況が続いており「2025年までに子どもを望む夫婦らの希望がすべて叶った場合の『希望出生率1・8』を達成」するという目標に、即効薬は見当たらない状態です（図1―18）。

諸外国（フランス、スウェーデン、アメリカ、イギリス、ドイツ、イタリア）の合計特殊出生率の推移をみると、1960年代までは、全ての国で2・0以上の水準でした。その

図 1-18 出生数と出生率の推移

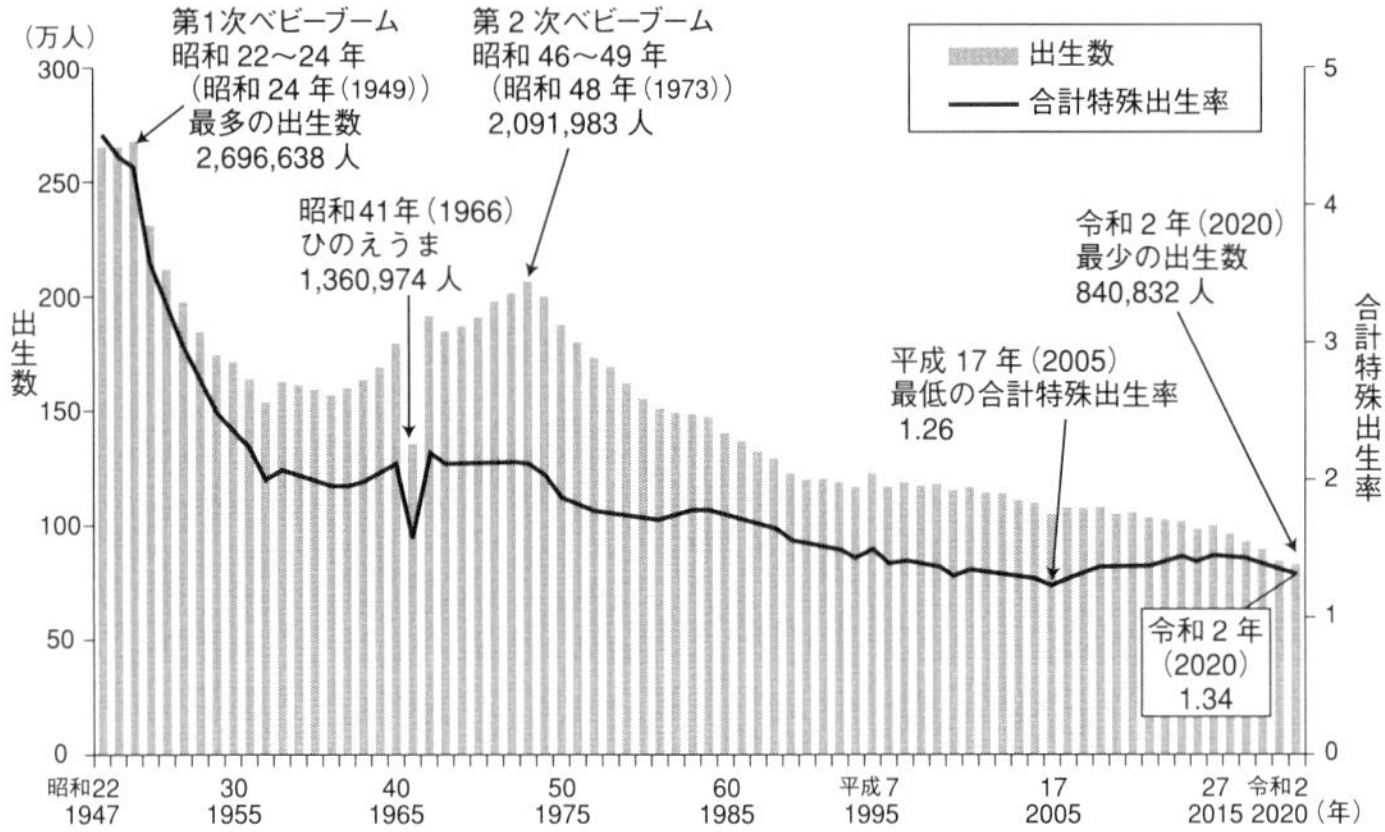

厚生労働省「令和２年（2020）人口動態統計月報年計」より作成

後、１９７０年から１９８０年頃にかけて、全体として低下傾向となりましたが、その背景には、子どもの養育コストの増大、結婚・出産に対する価値観の変化等があったと指摘されています。１９９０年頃からは、合計特殊出生率が回復する国もみられるようになってきました（図１—19）。

特に、フランスやスウェーデンでは、合計特殊出生率が１・５〜１・６台まで低下した後、回復傾向となり、２０００年代後半には２・０前後まで上昇しました。これらの国の家族政策の特徴をみると、フランスでは、かつては家族手当等の経済的支援が中心でしたが、１９９０年代以降、保育の充実へシフトし、その後さらに出産・子育てと就労に関して幅広い選択ができるような環境整備、すなわち「両立支援」を強める方

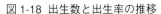

向で政策が進められました。スウェーデンでは、比較的早い時期から、経済的支援と併せ、保育や育児休業制度といった「両立支援」の施策が進められてきたのです。

フランスは多様な保育サービス、手厚い家族手当の給付、仕事と子育ての両立支援策の充実などの施策により、1993年に1・66だった合計特殊出生率が2010年には2・02まで回復しました。2019年は1・87となりましたが、依然EU内で最も高い出生率となっています。

各国の事例から明らかなように、少子化を止めるには、両立支援策が不可欠なのです。

図 1-19　諸外国（欧米）の合計特殊出生率の推移

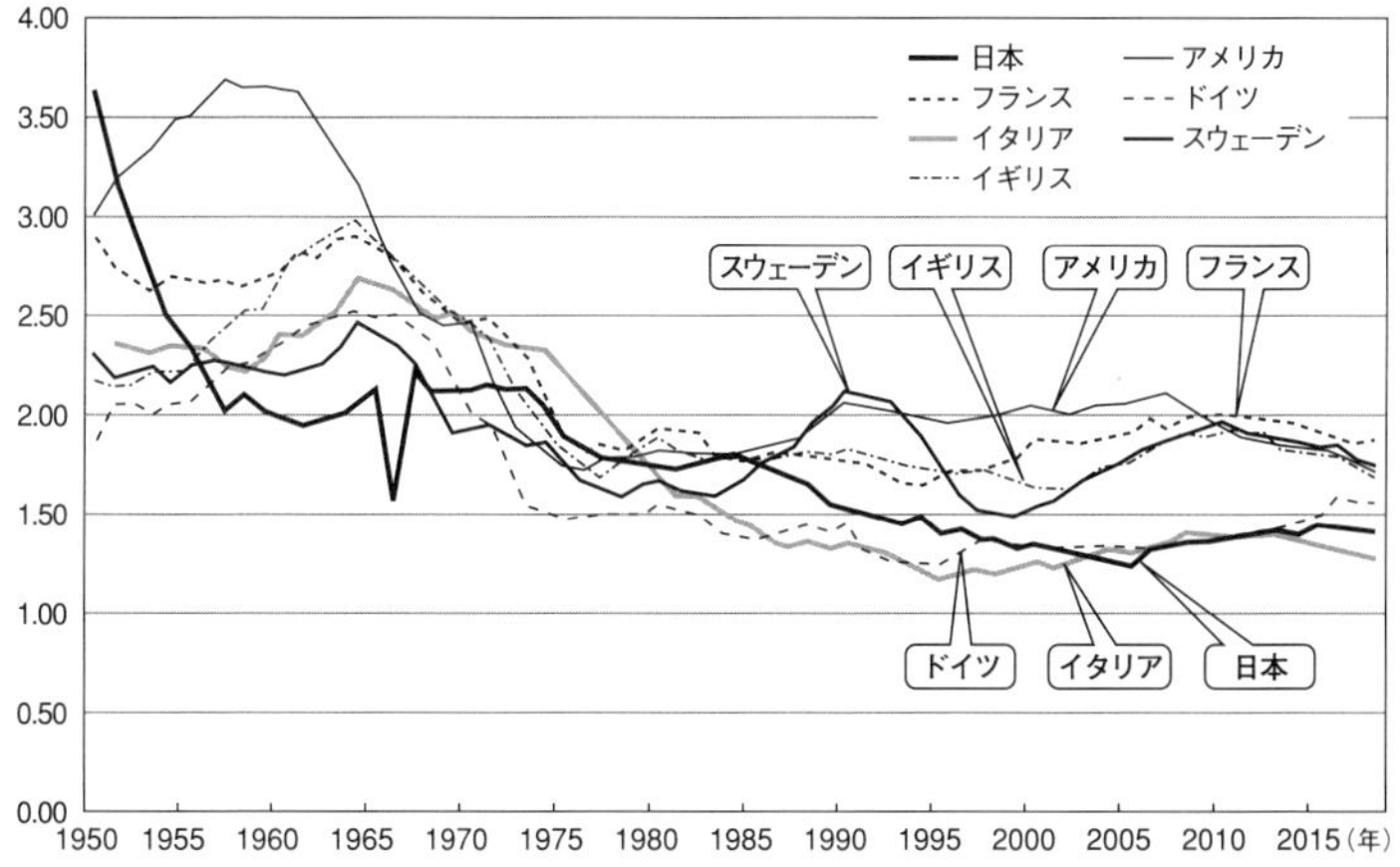

出典）少子化対策白書（令和２年版）

もっと思い切った政府支出を ～各国が少子化対策に本腰を入れている

家族関係社会支出の対ＧＤＰ比をみてみると、日本は、１・９％（２０２０年度）となっています。国民負担率などの違いもあり、単純に比較はできませんが、フランスやスウェーデンなどの欧州諸国と比べて低水準となっており、ＯＥＣＤ平均の２・１％にさえ届いていないのが現状です（図１―20）。子どもは生産及び消費などの未来の担い手であり、社会全体にとってなくてはならない存在であるにもかかわらず、十分な投資がされていないのは大きな問題です。

財務省「国民負担率の国際比較」（２０２０年2月公表）によれば、国民負担率（％）は、日本（43・3）、アメリカ（34・5）、ドイツ（54・1）、フランス（68・2）、イギリス（47・7）、スウェーデン（58・9）となっています（日本は２０１７年度、それ以外は２０１７年）。

新型コロナウイルスの感染拡大は、世界的な出生数の減少を加速させています。出生率の低下は将来の労働力の減少などを通じて、中長期の経済成長率を押し下げます。

諸外国は、育児支援にさらに力を入れています。アメリカでは、２０２１年に限って導入した「子ども手当」（6～17歳の子ども一人につき年最大３０００ドル）の給付を5年間延長、すべての3、4歳児への無償の幼児教育の提供、最長12週間の有給休暇の提供など、幅広い少子化対策を盛り込みました。フランスでは、２０２１年7月から男性の育児休暇を従来の14日から28日に延長、会社は最低７日分の取得を認めないといけなくなりました。

図1-20　家族関係社会支出の対GDP比の比較

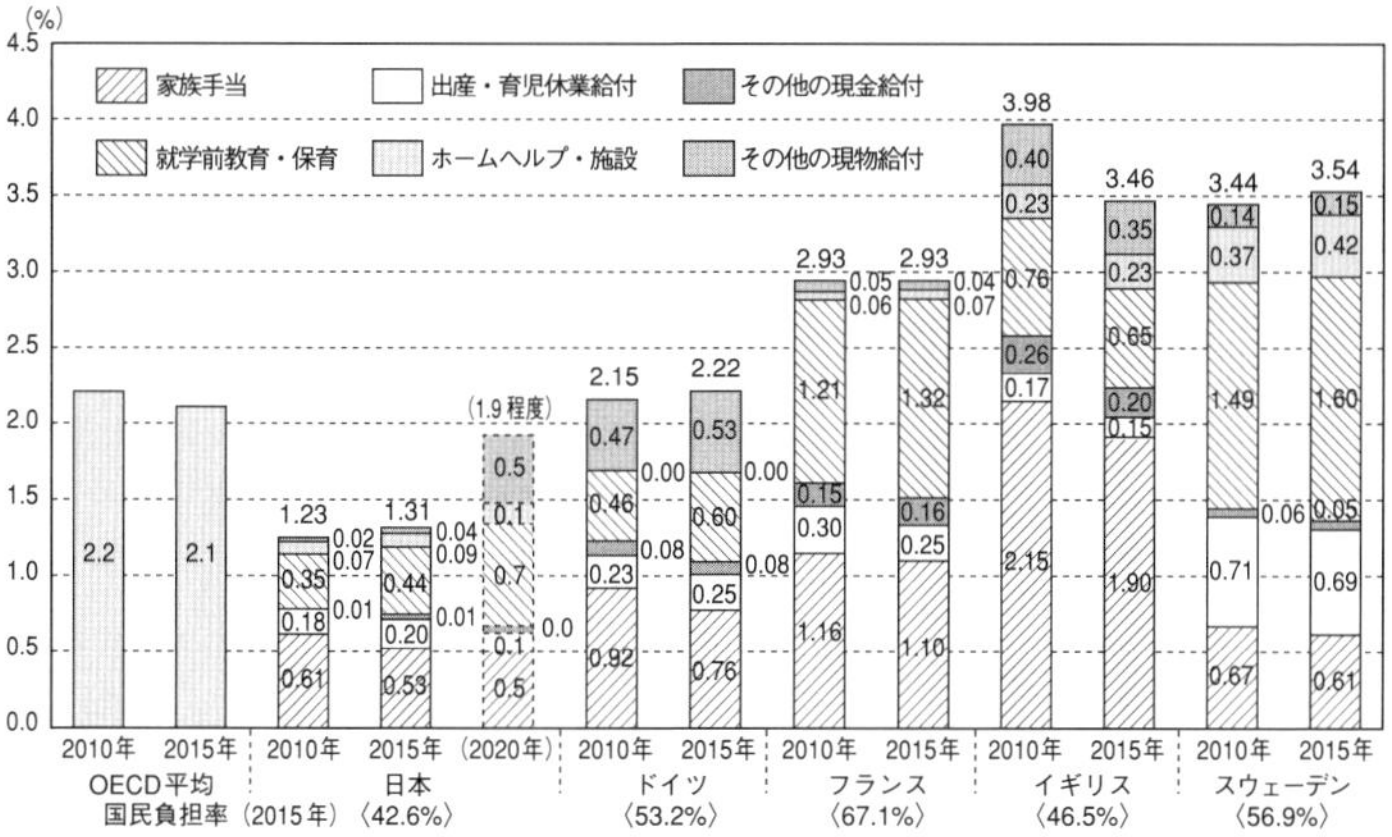

現金給付
・家族手当：児童手当、児童扶養手当
・出産・育児休業給付：出産手当金、育児休業手当金、介護休業手当金
・その他の現金給付：教育扶助、障害児養育年金　など

現物給付
・就学前教育・保育：仕事・子育て両立支援事業、子ども・子育て支援対策費、保育対策費
・ホームヘルプ、施設：障害保健福祉費、公立児童福祉施設・児童デイサービス施設
・その他の現物給付：地域子ども・子育て支援事業費、児童相談所　など

出典）内閣府「選択する未来2.0」報告参考資料（2021年6月4日）6頁

アジアに目を向けると、韓国では２０２２年度から出産時に２００万ウォン（約20万円）のバウチャー（サービス利用権）を支給。中国では３人目の出産を容認し、出産に絡む休暇や保険の整備を行います。

各国が少子化対策に本腰を入れる中、日本の本気度が問われています。

企業は社員の現状把握不足 ～どのような支援をすれば良いか、わからない

子育てと仕事の両立を含む「Well-being（善き生き方）」を達成するために、そもそも社員が何を求め、何に困っているかという点について、企業は十分に認識できていないと感じます。子育てと仕事の両立を推進するための前提として、実態を把握できていないことは大きな問題です。

また、環境整備の点においては、子育て支援策として国の推進もあり法整備等が進んでいるにもかかわらず、働き手や管理職がその存在すら認識していないケースも見受けられるなど、企業から働き手に対しての情報周知が不足していることも懸念されます。

せっかくすばらしい制度があるのに、制度の存在すら知らなかった、という声をよく聞きます。企業は両立支援冊子や社員向けの専用サイトなどを作成するなど工夫していますが、それが利用者側に伝わっていないのは、非常に残念なことです。管理職向けのセミナーで両立支援制度について説明するなど、上司にも理解してもらい、部下から妊娠の報告があった際に、すぐに利用可能な両立支援制度を紹介できるようになるのが理想です。

続く第2章では、関西経済同友会子育て問題委員会での会員企業への独自アンケート調査により、その実態と解決策について、探求していきます。

第2章

「子育てと仕事の両立」～社員は何に困っているのか

社員は子育てと仕事の両立について何に困っているのでしょうか。この問題が解決しない一つの要因に、「現状把握不足」があります。現状がわからなければ、具体的にどのような支援策を用意すればよいかもわかりません。新型コロナウイルスの感染拡大でテレワークが進むなど、急激な時代の変化の中で、ニーズも変化しています。

そこでこの章では、非常に興味深い調査結果を紹介したいと思います。関西経済同友会では、2020年5月に「子育て問題委員会」(委員長＝小坂肇 りそな銀行シニアアドバイザー〈現・奥村組副社長執行役員〉、上田理恵子 マザーネット代表取締役社長)を発足しました。委員会では、現状を把握するため、2020年12月に、会員企業の社員、管理職、そして経営者の方を対象にWEBアンケート調査を実施しました。そして、全回答数1869名と、非常に多くの方から回答を得ました。この問題に関する関心の高さがうかがえます。

1 調査目的と分析方法

調査目的

課題1：社員のWell-beingの達成水準を評価すること
※ここではWell-beingを「個々人がそれぞれ価値をおく善き生き方」と定義し、「仕事のやりがい」「満足な収入」「子どもとの良好な関係」「パートナーとの良好な関係」「快適な生活環境」「自分のための時間」といった活動・状態で構成することとする。

課題2：管理職・経営層の「子育てと仕事の両立」に対する価値観を解明すること

課題3：子育てと仕事の両立において「そもそも何が求められているか」「何が不足しているのか」「何に困っているか」など、社員の考え方（本音）を明らかにすること

課題4：企業内外の支援制度の存在状況、その活用程度、活用を促進／阻害する要因を明らかにし、とりわけ人的・資金制約の大きい中小企業特有の課題を抽出すること

課題5：新型コロナウイルス感染拡大が子育てと仕事のあり方に与えた影響を評価し、with/postコロナ時代における子育てと企業支援のあり方を考察すること

WEBアンケート調査の概要

調査期間：２０２０年12月14日～２０２０年12月30日
調査票　：ＷＥＢ調査票はSurveyMonkey社のサービスを通じて同委員会で開発

配布方法：1　同友会から会員企業担当者へアンケート調査のURL付きメールを配布
2　担当者はそれぞれの企業における最善の方法で社員にメールを配布
調査対象：1　一般社員は「夫婦共働き」または「働くひとり親」家庭で、末子が中学生未満
2　管理職・経営者は全て（共働き、子どもの有無にかかわらず）
回答者数：全回答者数1869人（完了率88％、平均回答時間9分29秒）
ただし、このうち保険／金融業の回答者数が62・0％（1159人）と高すぎたため、業種の偏りを補正した結果、最終的な有効回答数は895人

2　社員はWell-being（善き生き方）をどの程度達成できているか（課題1）

（1）子育てと仕事の配分―現在と理想―
～一般社員・管理経営層ともに「もっと育児に参画したい、男性だって育児をしたい！」

子育てと仕事の配分についてみると、一般社員の現在は「子育て：仕事＝40：60」、理想は「子

育て：仕事＝50：50」である一方、管理経営層の現在は「子育て：仕事＝20：80」、理想は「子育て：仕事＝50：50」となっています。両者とも「子育てと仕事はバランスよくしたいが、現状は仕事重視になっている」という自己評価が共通していることがわかります。

子育て：仕事の配分		
（一般社員）	現在 40％：60％	理想 50％：50％
（管理経営層）	現在 20％：80％	理想 50％：50％

現実と理想の「ズレ」は管理経営層の方が大きく、主観的Well-beingは管理経営層の方が一般社員よりも相対的に低いとも言えます。一般社員のみならず、実は管理経営層も子育てにもっと傾倒したいとの結果から、両者の目標は一致していることがわかりました。

（2）社員のWell-being達成度は「50〜80％」と一見高水準。ただし「適応（あきらめ）」の可能性もあり

今回、Well-beingを「仕事のやりがい」「収入」「快適な生活環境」「子どもやパートナーとの関係」「自分の時間」で捉えることとしました。

表2-1　Well-being達成水準

質問項目	一般社員 n=443	管理経営層 n=192	有意差 $p < 0.05$
①現在の子育て配分	育児：40（仕事：60）	育児：20（仕事：80）	■一般社員 ＞ 管理経営 ■女性50 ＞ 男性20 ■正規30 ＞ パート20, 専主20
②理想の子育て配分	育児：50 [40, 55]（仕事：50）	育児：50 [30, 50]（仕事：50）	■一般社員 ＞ 管理経営 ■女性 [50, 60] ＞ 男性 [30, 50] ■正規50 ＞ パート40, 専主40
③仕事のやりがい	70	80	■管理経営 ＞ 一般社員 ■男性80 ＞ 女性62.5 ■40代80 ＞ 30代70 ■パート80 ＞ 正規70
④満足な収入	50	80	■管理経営 ＞ 一般社員 ■男性70 ＞ 女性50 ■50代80 ＞ 30代60
⑤子どもとの関係	80 [60, 90]	80 [65, 95]	■管理経営 ＞ 一般社員 ■男性 [65, 91.25] ＞ 女性[50, 90]
⑥パートナーとの関係	75	80	■管理経営 ＞ 一般社員 ■専主80 ＞ 正規75
⑦快適な生活環境	60	80	■管理経営 ＞ 一般社員 ■男性75 ＞ 女性50 ■パート80, 専主80 ＞ 正規55
⑧自分のための時間	25	47.5	■管理経営 ＞ 一般社員 ■50代60 ＞ 30代30 ■パート50, 専主50 ＞ 正規25
⑨総合的な達成度	50	57.5	■男性55 ＞ 女性50

註１）いずれも数値が高いほど達成水準が高い。
実数は「中央値」、［　］内は第一・三四分位数。

その意味でのWell-beingの達成水準は、総じて「管理経営層」の方が高いことがわかります。そしていずれの項目も達成度70～80%と主観的には困っていませんでした。強いていえば、もう少し「自分のための時間」を望んでいることが見て取れます（現状の達成度50%）。

一方、一般社員のWell-being達成水準も、収入（50%）、掃除など生活環境（60%）、自分の時間確保（25%）においてはやや低いですが、その他の機能（仕事のやりがい、子ども／パートナーとの関係）は管理経営層に匹敵する程度で達成できていました（70～80%）。

総じて、自分のための時間を持つこと以外は、自らが望むWell-being（子育てと仕事の両立）を「一定程度達成できている（50～80%）」と言えます。

ただし、これらはいずれもWell-beingの主観的側面であることに注意が必要です。つまり、両立がうまく達成できない状況に長く置かれた場合、本来の理想をあきらめ現状を肯定し、客観的には達成度が高くないにもかかわらず、現状の達成水準を「過大評価」してしまっている可能性があります。したがって、Well-beingの客観的側面（例えば「両立」における困難など）とあわせて検討する必要があると言えるでしょう。

※「適応（あきらめ）」とは、ある個人が慢性的に困難な状況におかれる場合、本来その人が望む善き生き方を諦め、現状の小さな改善を過大評価したり、大きな困難を過小評価する傾向を指す。

（3）Well-being 達成度は、社会的属性により差があり

（Well-being 高水準）	（Well-being 低水準）
男性 管理経営層	女性 一般社員
ベテラン社員	若手社員
専業主婦の配偶者持ち社員	共働き社員

まず性差について見ると、子育ての負担レベルに偏りが存在することがわかりました。ここにはワンオペ育児の実態がにじみ出ており、Well-being（仕事のやりがい、満足な収入、生活環境、総合達成度）は女性の方が男性よりも総じて低いことが問題視されるべきです。

年齢については、年代が高いほど、Well-being（仕事のやりがい、収入、自分の時間）の達成水準も高くなる傾向が認められました。

配偶者の雇用形態について見ると、共働き社員は、専業主婦やパートの配偶者を持つ社員と比較して、Well-being 達成水準は低くなりました。専業主婦やパートの配偶者を持つ社員は管理経営層に多く、これは管理経営層のWell-being が高かったという結果ともリンクしています。

企業規模については、有意差は検出されませんでした。

総じて、性別、年齢、配偶者の雇用関係といった社会的属性の違いはWell-beingの達成度に影響を与えることがわかりました。とりわけ女性、若手（30歳代）、共働き社員へのより手厚いサポートが必要なことは認識されるべきだと思います。

3　管理職・経営層の「両立」への価値観はどうか（課題2）

（1）進歩化した管理職・経営層の価値観

驚きだったのは、管理経営層の価値観は以前とは変わり、どの項目にも「進歩的」な見解を持つようになったということでした。ただし社会的属性を踏まえて見ると、以下のうち、後者にはより「保守的」な価値観が残っていることがうかがえました。

【保守的な価値観の傾向】

▽女性よりも「男性」

▽30代よりも「50代」

▽共働き社員よりも「専業主婦・パートの配偶者を持つ社員」

表2-2　管理経営層の「両立」価値観

質問項目	管理経営層 n=192	有意差 $p < 0.05$
①女性は子どもができても、ずっと仕事を続ける方がよい（6ほど保守的）	2 そう思う	■男性3 ＞ 女性2 ■40代3 ＞ 30代2 ■パート3, 専主3 ＞ 正規2
②女性は子どもができたら仕事をやめ、大きくなったら再び仕事を持つ方がよい（1ほど保守的）	4 どちらかといえばそう思わない	■男性4 ＜ 女性5 ■パート4, 専主4 ＜ 正規5
③女性は子どもができたら、仕事をやめる方がよい（1ほど保守的）	5 そう思わない	■男性5 ＜ 女性6 ■50代5 ＜ 30代6 ■パート5, 専主5 ＜ 正規6
④女性は結婚したら、仕事をやめる方がよい（1ほど保守的）	6 全くそう思わない	■男性5 ＜ 女性6 ■パート5, 専主5 ＜ 正規6
⑤男性は子どもができても、仕事に専念する方がよい（1ほど保守的）	4 どちらかといえばそう思わない	■男性[3, 5] ＜ 女性[3, 6] ■50代4 ＜ 30代4.5 ■パート4（平均値：3.7）＜ 正規4（4.2） ■中小3 ＜ 大企業4 ■近畿4（3.9）＜ 関東4（4.2） ■経営者3 ＜ 管理職4
⑥男性は子どもができたら、主体的に子育てに関わる方がよい（6ほど保守的）	2 そう思う	■男性2 [2, 3]＞女性2 [1, 3] ■50代2, 40代2 ＞ 30代1 ■パート3, 専主3 ＞ 正規2
⑦男性は子育てよりも仕事を優先するべきだ（1ほど保守的）	4 どちらかといえばそう思わない	■男性2（3.8）＜ 女性2（4.0） ■パート3 ＜ 正規4 ■近畿 4（3.8）＜ 関東4（4.1）
⑧男性は子どもができたら、育休を取った方がよい（6ほど保守的）	3 どちらかといえばそう思う	■男性3 ＞ 女性2（男性がより保守的） ■30代2 ＜ 50代3（高いほどより保守的） ■正規雇用の配偶者3（2.6）＜ パート3（3.0）（高いほどより保守的）

質問項目	管理経営層 n=192	有意差 $p < 0.05$
		■中小3 [2, 4] ＞ 大企業3 [2, 3] （高いほどより保守的） ■子ども2人以上3 ＞ なし2 （高いほどより保守的） ■関東3 [1, 3] ＜ 近畿3 [2, 4]
⑨自分はできるだけ男性社員（部下）に育休をとってもらえるよう具体的な行動をとっている （6ほど保守的）	3 どちらかといえば そう思う	■男性3 [3, 4] ＞ 女性3 [2, 4] ■中小4 ＞ 大企業3 ■近畿3 [3, 4] ＞ 関東3 [2, 4]
⑩正直なところ、男性社員（部下）に育休をとってほしくない（1ほど保守的）	5 そう思わない	■男性4 ＜ 女性5 ■50代4 ＜ 30代5 ■パート4 ＜ 正規5 ■中小4 ＜ 大企業5
⑪社員の幸福度やWell-beingを向上させることが、企業の成長につながる（1ほど同意）	2 そう思う	■男性（1.95）＞ 女性（1.6） ■パート（2.0）＞ 正規（1.7） ■中小（1.91）＜ 大企業（1.89） ■近畿（1.95）＞ 関東（1.65） ■管理職（1.95）＞ 経営層 （1.60）
⑫自分は社内の仕事と子育ての両立制度や仕組みについて詳しい方である	3 どちらかといえば そう思う	■男性4 ＞ 女性2 ■パート4, 専主4 ＞ 正規3 ■中小3.5 ＞ 大企業3

註1） 1 とてもそう思う～6 全くそう思わない

▽大企業よりも「中小企業の管理経営層」（男性の働き方や育休についてのみ）
▽管理職よりも「経営者」（男性の働き方についてのみ）
▽関東よりも「近畿の管理経営層」

4 社員は「両立」の何に困っているのか（課題3）

（1）平日の育児と家事をどのように分担しているのか

まず「両立」における課題を分析する前に、平日に夫婦は育児と家事をどのように分担しているのかについても調査し

表2-3　平日の育児時間と家事時間

		男性	女性	有意差（企業規模による差異はなし）
育児時間	1. 10分以内	34.9	3.3	■男性 ＞ 女性 ■管理経営39.2 ＞ 一般社員8.8
	2. 30分	19.8	4.3	■男性＞女性 ■管理経営18.8 ＞ 一般社員10.2
	3. 60分	14.9	12.8	■一般社員18.3 ＞ 管理経営10.2
	4. それ以上	18.3	65.8	■女性 ＞ 男性 ■一般社員60.3 ＞ 管理経営9.1
家事時間	1. 10分以内	42.0	1.0	■男性 ＞ 女性 ■管理経営46.0 ＞ 一般社員10.8
	2. 30分	29.9	9.2	■男性 ＞ 女性 ■管理経営28.5 ＞ 一般社員17.2
	3. 60分	17.3	29.9	■女性 ＞ 男性17.3 ■一般社員28.9 ＞ 管理経営14.4
	4. それ以上	10.0	94.4	■女性 ＞ 男性10.0 ■一般社員43.1 ＞ 管理経営11.1

図2-1　平日の育児内容（上図）と家事内容（下図）

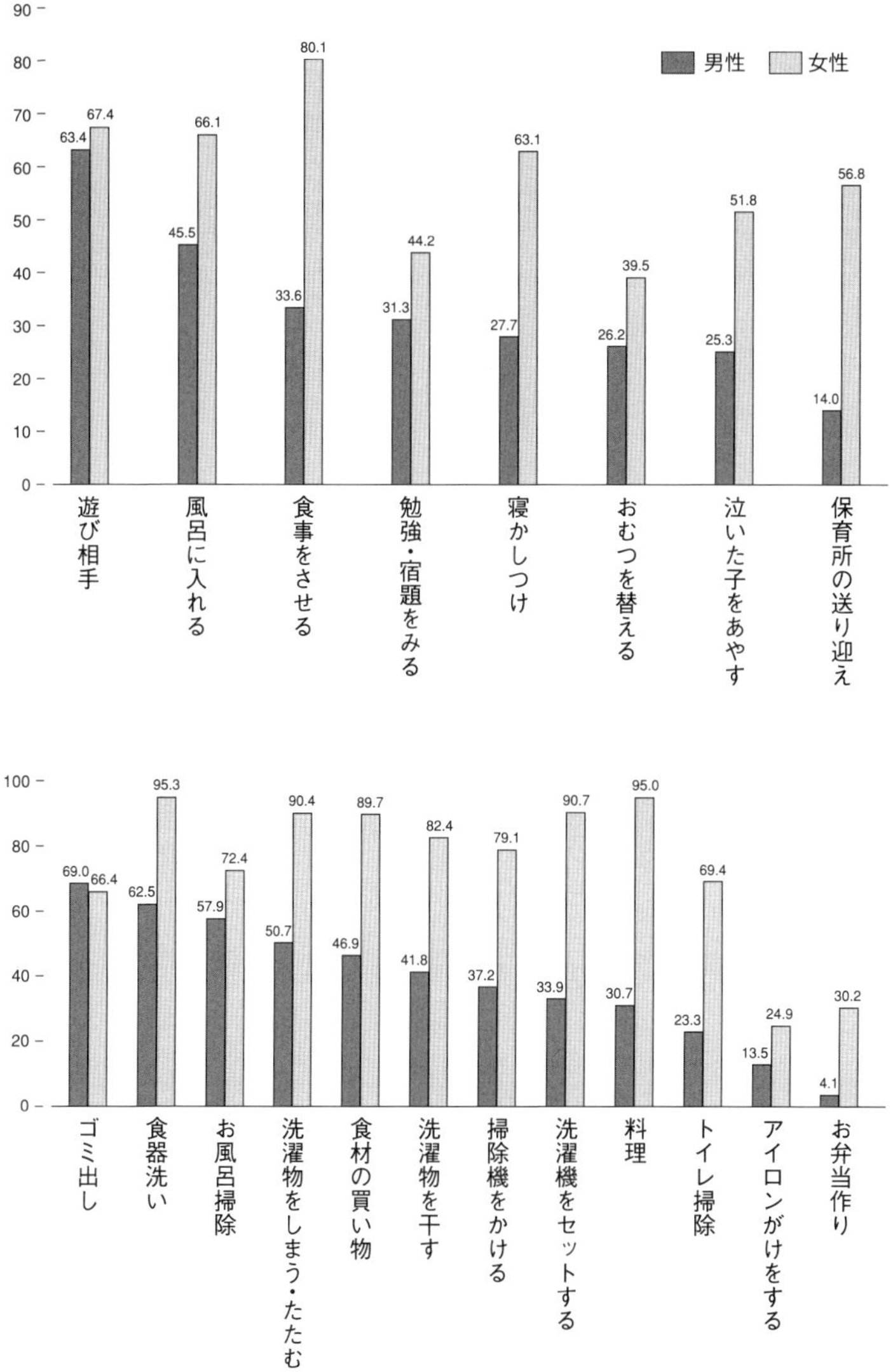

ました。

　女性の8～9割は育児と家事どちらも毎日60分以上行っているのに対し、男性は6～7割が毎日30分以内にとどまっていました。つまり、女性の方が男性よりも育児・家事において「2倍以上」の時間を負担していることがわかりました。

　また、管理経営層は一般社員よりも育児・家事時間が短い。これは、管理経営層の多くがパートや専業主婦の配偶者を持っていることが多かったこととリンクしています。

　育児内容と家事内容の男女差については図2－1の通りですが、「食事をさせる」「買い物」「料理」など食生活関係の内容に大きな性差がある点が特徴です。

表2-4　「両立」における課題

質問項目	一般社員 n=443	管理経営層 n=192	有意差 $p < 0.05$
①希望の時期に保育所に子どもを入れられない	4 どちらかといえばあてはまらない	5 あてはまらない	■女性3 ＜ 男性5 ■30代4 ＜ 40代5 ■正規4 ＜ パート5, 専主6 ■一般社員 ＜ 管理経営
②子どもが病気の時に預けるところがない	2 あてはまる	2 あてはまる	■女性1.5 ＜ 男性2 ■30代3 ＜ 40代4 ■正規2 ＜ パート4, 専主4 ■一般社員 ＜ 管理経営

質問項目	一般社員 n=443	管理経営層 n=192	有意差 p < 0.05
③急な残業の時、子どもの世話をしてくれる人がいない	3 どちらかといえばあてはまる	4 どちらかといえばあてはまらない	■女性2 ＜ 男性4 ■正規3 ＜ パート4, 専主5 ■一般社員 ＜ 管理経営
④上司から子育てへの理解が得られない	5 あてはまらない	5 あてはまらない	■女性[4, 5] ＜ 男性[4, 6] ■正規 [4, 5] ＜ 専主[5, 6] ■一般社員 ＜ 管理経営
⑤同僚から子育てへの理解が得られない	5 あてはまらない	5 あてはまらない	■女性[4, 5] ＜ 男性[4, 6] ■正規[4, 5], パート[4, 6] ＜ 専主[5, 6] ■中小[4, 6] ＜ 大企業[5, 6] ■一般社員 ＜ 管理経営
⑥部下から子育てへの理解が得られない	5 あてはまらない	5 あてはまらない	■女性4 ＜ 男性5 ■一般社員 ＜ 管理経営 ■正規[4, 5], パート[4, 6] ＜ 専主[5, 6]
⑦育児を優先すると、キャリアに影響する	3 どちらかといえばあてはまる	4 どちらかといえばあてはまらない	■女性2 ＜ 男性4 ■大企業3 ＜ 中小3.5 ■30代[2, 4] ＜ 40代 [2.75, 4], 50代 [3, 5] ■正規3 ＜ パート4, 専主4 ■一般社員 ＜ 管理経営
⑧仕事も育児も中途半端になってしまう	3 どちらかといえばあてはまる	4 どちらかといえばあてはまらない	■女性2 ＜ 男性4 ■一般社員 ＜ 管理経営 ■30代3 ＜ 40代 3.5 , 50代4 ■正規3 ＜ パート4, 専主4
⑨子どもと接する時間が少ない	3 どちらかといえばあてはまる	3 どちらかといえばあてはまる	■女性2 ＜ 男性3 ■正規[2, 3] ＜ 専主[2, 4]
⑩育児と仕事で手一杯で家事に手が回らない	3 どちらかといえばあてはまる	4 どちらかといえばあてはまらない	■女性2 ＜ 男性4 ■一般社員 ＜ 管理経営 ■30代（3.09）＜ 40代（3.37） ■正規3 ＜ パート4, 専主4

（2）最大の両立課題は、「子どもの発熱などの緊急時に頼る人がいないこと」と「育児を優先することがキャリアに与える影響への不安」

これまでは両立について職場から理解を得られないということが言われてきました。しかし本調査からは、上司・同僚・部下から理解を得られないわけではないことがわかりました。むしろ、子どもの病気や自身の出張などの緊急時に子どもを預けたり、世話をしてくれる人がいないことがもっとも大きな課題とされ、また、育児とキャリアの良好なバランス確保に苦戦している実態も明らかになりました。

社会的属性の影響について見れば、男性よりも「女性」、40～50代よりも「30代（若手）」、パート・専業主婦の配偶者を持つ社員よりも「共働き社員」、管理経営層よりも「一般社員」の方が「両立」に課題があることも明らかになりました。

（3）自由記述からみた「両立」課題

「両立」におけるその他の回答（自由記述）は任意であるにもかかわらず、５１３人の方が回答したこと自体が、問題の逼迫度を物語っていると思います。

代表的な回答をとりあげると以下の通りでした。夫が育児や家事を押し付けてくるという女性側の悩みがある一方で、そもそも単身赴任であったり、会社で両立支援制度を利用しにくい空気に悩むという男性側の悩みも見受けられました。

①自身や夫の働き方をめぐる問題：都合があわない、男性の働き方改革が必要など多様

②子どもの病気や行事の時に、職場を休むのに気が引ける、理解が得られにくい

③子どもの平日の習い事の送迎に対応できない

④時間が圧倒的に少ない。時短勤務でもフルタイムと業務量、評価制度は同じ

⑤両立のバランスをとるのが難しい。キャリアに影響させないようにするのが難しい

⑥子どもが病気の時などに、身近に頼れる人がいない

⑦会社に制度はあっても利用しにくい空気がある。また、制度自体も子どもがいない人が不平等を感じないようにするなど配慮して設計されるべき

⑧夫が育児や家事を押し付けてくる、そのため育児と家事の両立が難しい

⑨子どもの急な発熱、急な残業などに対応できない

⑩単身赴任なので、そもそも育児に関わる機会が少ない

表2-5　両立支援制度の利用実態

(%)		1 よく利用する	2 たまに利用する	3 あまり利用せず	4 制度あるが利用せず	5 制度あるが利用しにくい	6 制度ない	有意差
短時間勤務	一般	27.3	4.3	5.6	48.2	11.4	3.3	女54.2>男6.9 社31.6>管経12.0
	管経	5.7	6.3	9.1	64.6	6.3	8.0	
フレックスタイム	一般	22.1	11.3	5.8	34.7	8.8	17.3	
	管経	17.7	10.9	10.3	37.7	5.7	17.7	
テレワーク	一般	32.8	27.3	8.3	12.6	12.6	6.3	男63.1>女54.4
	管経	34.5	24.3	16.9	17.5	4.5	2.3	
時差出勤	一般	23.4	12.3	13.1	33.4	10.6	7.3	男41.2>女32.7
	管経	22.5	20.2	15.0	34.1	2.9	5.2	
子どもの看護休暇	一般	6.6	12.9	8.6	51.0	9.3	11.6	女29.8>男9.5
	管経	2.8	10.2	11.9	51.1	6.2	17.6	
企業内保育所	一般	1.8	0.3	1.0	9.1	5.3	82.6	
	管経	1.1	0	1.7	10.3	3.4	83.4	
育児休業制度	一般	35.4	10.4	4.5	36.6	12.4	0.8	女79.5>男10.0 社45.7>管経18.1
	管経	13.0	5.1	5.1	59.9	14.1	2.8	
ベビーシッター利用補助	一般	3.0	3.5	1.8	27.3	8.8	55.6	女10.6>男2.6
	管経	2.3	1.7	5.2	24.1	5.2	61.5	
時間単位の有給	一般	11.4	22.0	7.1	12.4	5.7	41.4	男31.2>女26.4 社33.4>管経20.0
	管経	6.3	13.7	14.7	21.1	5.3	38.9	

註）「よく利用する」「たまに利用する」を「1. 利用可能群」、「あまり利用せず」「制度あるが利用せず」「制度あるが利用しにくい」「制度なし」を「0. 利用困難群」と2値に変換したのち、フィッシャーの直接確率検定により「性別」「役職」「企業サイズ」の有意差の有無を判定した（$p < 0.05$）。

5 どのような「両立支援策」が必要か（課題4）

（1）企業における両立支援の利用実態 ～最も利用が進んでいる支援策は「テレワーク」

もっとも利用が進んでいる両立支援制度を見ると、テレワークが約6割、育児休業は全体として約5割（男性1割 女性8割）であり、そのほか時短勤務、フレックスタイム、時差出勤、時間単位の有給休暇など「よく利用」「たまに利用」している社員は約3割程度にとどまりました。企業内保育所を除き、いずれの制度も約1～2割が「あまり利用せず」「制度はあるが利用しにくい」という状況となっています。

男性育休については10％の人が取得しており、全国的状況（7・48％）とほぼ変わりませんでした。やはり女性の高い取得率（79・5％）と好対照をなしています。

他にも「男性」は短時間勤務やベビーシッター利用補助、子どもの看護休暇を利用しにくい（もしくは利用しない）といった実態が示唆されました。逆に言えば「女性」がそうした働き方を余儀なくされているとも言えるかもしれません。

また、管理経営層は一般社員に比べて「柔軟」な働き方（短時間勤務、育休、時間単位の有休）が難しい（もしくはする気がない）ということも明らかになりました。

なお、「制度はあるが利用しにくい」と答えた回答者の社会的属性を分析すると、テレワークと時差出勤については男性よりも「女性」に多く、中小企業よりも「大企業」に多く、管理経営層よりも「一般社員」に多く、育休や短時間勤務については「男性」の方が女性よりも多いことがわかりました。

（2）今、必要とされる制度は、1位「転勤への配慮」、2位「テレワーク」、3位「育児関連サービス利用の費用補助」

以上のような現状をふまえ、社員は一体どのような制度を求めているのでしょうか。図2-2には、既存の制度整備状況とあわせて、

図2-2　必要とされる両立支援制度、既存の両立支援制度

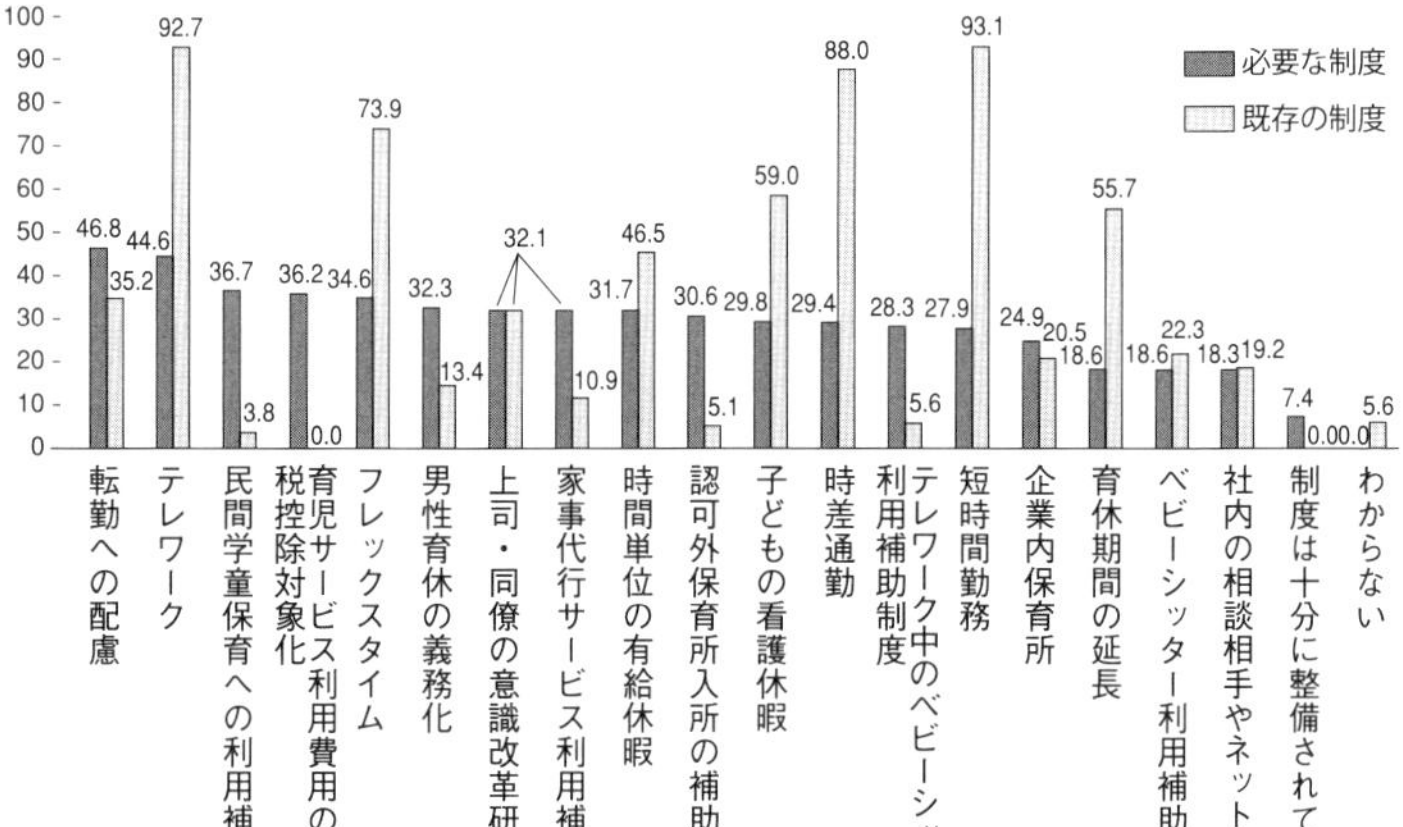

註）既存の制度については管理経営層の回答をもとにあくまで参考として記載

社員が必要としている制度を示しました。

必要とされている順に見ると、1位「転勤への配慮」、2位「テレワーク」でした。

次に育児や家事にかかる費用面での支援全般（「民間学童保育への利用補助」「育児サービス利用費用の税控除対象化」「家事代行サービス利用補助」「テレワーク中のベビーシッター利用補助制度」など）が求められています。本気で「ケアの脱家族化」を目指すのであれば、この費用は企業と国で負担するべきであると考えます。

6 新型コロナウイルスの感染拡大は「両立」にどう影響したか（課題5）

（1）新型コロナウイルスによる「両立」への影響
～テレワークが進み、どちらかといえば両立しやすくなった

表2-6　新型コロナのテレワーク、「両立」への影響

質問項目	一般社員	管理経営層	有意差
テレワークが進んだ	2（2.5）あてはまる	2（2.3）あてはまる	■女性2 [1, 4] ＞ 男性2 [1, 3] ■大企業2（2.5）＞ 中小企業2（2.2）
以前より両立しやすくなった	3 [2, 5] どちらかといえば　あてはまる	3 [2, 4] どちらかといえば　あてはまる	

註）「年齢」「配偶者雇用形態」「役職」については有意差が検出されなかった。

テレワークが進み、どちらかといえば両立しやすくなったと言えます。通勤時間が削減され、育児・家事に効率的な時間配分が可能になったことが大きいでしょう。

社会的属性の影響もそれほどなく、すなわち属性の相違にかかわらず、皆が同意見であることがうかがえました。

先に見たように社員が求めている両立支援制度の第2位は「テレワーク」でした。テレワークをはじめとした勤務体制の柔軟化は社員のWell-being向上の有効な解決策であり、新型コロナウイルスの感染拡大が落ち着いた後も、テレワーク勤務体制を定着させるべきであることがうかがえます。

(2) 両立が進んだ理由、進まなかった理由

「両立」が進んだ・進まなかった理由の自由記述における回答の大まかな傾向を分析してみました。

【両立が進んだ理由】

① 仕事・業務環境の整備により、出社しなくてもよくなったから
② 通勤時間が減って、育児や家事に時間を充てることができるから
③ テレワーク制度の利用が進んだから

④通勤時間などが減って、時間の余裕ができたから
⑤テレワークや在宅勤務を会社が推奨するようになったから
⑥テレワークが進み、周り（上司、同僚、営業先）の理解が得られやすくなったから
⑦家で子どもと過ごす時間が増えたから
⑧在宅勤務ができるようになったから
⑨テレワークのみならず、時差出勤もできるようになったから

【両立が進まない理由】
①特に両立という点では変わりない
②基本的に勤務時間は変わりない
③テレワークできない業務（持ち出しできない業務）にかかわっているため
④仕事内容は変わらない
⑤自宅に子どもがいる時間が増えたため（仕事に集中できない　など）

進んだ理由についてはいくつかの内容が抽出されましたが、それらに大きな内容的違いはなく、これまでは特別な状況でしか認められなかったテレワーク・在宅勤務・時差出勤ができるよう業務環境（ＰＣ、仕事持ち出しなど）が整備され、周り（上司、営業先など）の理解が得

られやすくなり、その結果通勤時間が減って、育児や家事に充てる時間が増えたことが両立しやすくなった主な理由とされていました。

逆に進まなかった理由としては、建設業・卸売業・金融業など職業の性質上、現場仕事やデータ持ち出し不可能などによりテレワークが不可能なことや、テレワークができたとしても子どもがいることで仕事に集中できないことが両立不可能な理由として挙げられていました。先の結果でも求められていた「テレワーク中のベビーシッター利用補助」の意義がここからもうかがえます。

7　本アンケート調査の結論

本アンケート調査は、以下のようにまとめることができます。

第1に、「子育てと仕事と両立」はまだ解決していないということです。女性に育児・家事の負担が偏っているという事実の再認識が必要です。

第2に、「両立」問題の解決策は「男性の〝家庭〟活躍」と「育児の脱家族化」にあるということです。

第3に、実際には、男性も「〝家庭〟活躍」(=育児・家事への主体的参画)を望んでいます。上司のリーダーシップ、男性自身も一歩踏み出してみることが突破口になると考えます。

第4に、家族(夫婦)の自助だけでは子育てが難しいということも重要です。「育児の脱家族化」つまり国と企業が家族の育児負担を共有する社会の仕組み作りが必要です。そして企業は、勤務体制の柔軟化と育児関連サービスの費用補助を中心とした両立支援策の実行が求められます。

一方で国にも、育児サービス利用補助税控除対象化など、企業の両立支援策の制度的後押しを求めます。

第3章

子どもの年齢別、両立の悩みと解決法

子育て中の部下を持つ上司や同僚に知ってほしい基礎知識

第2章では、管理経営層の両立に対する価値観が、以前とは異なり、進歩的になっていることが確認できました。しかし、価値観が変わるだけでは不十分であり、本当の意味で子育て中の社員を理解し、支援するには、基礎的な知識が求められます。

そこで第3章では、マザーネットが子育て中の社員へのサポート経験をもとに開発した「子育て中の部下を持つ上司や同僚のためのマニュアル」を紹介したいと思います。

まず初めに、練習問題を解いてみましょう

※解答は82ページにあります

これらの言葉は、部下と面談する際に出てくる可能性があるので、覚えておいてください。

①「子どもを保育所に入れるため保護者が行う活動」のことを（　　　）という。待機児童が多い自治体では、希望する認可保育所に子どもを入れられるように、事前に入念な情報収集・準備を行うことが必須となっています。

②0～2歳児向けの保育施設に子どもを預ける保護者が、3歳以降の預け先探しに苦労する問題を、（　　　　　　）という。待機児童対策として0～2歳児のみが対象の保育施設が増設された結果、3歳以降の受け皿不足が起こり、もう一度、保育所探しに奔走しなければならない保護者が増えています。

③子育てしながら働く女性が、子育てと仕事の両立をしていく中で昇進や昇給などの機会が難しくなるキャリアコースを（　　　　　　）と言います。

④共働き家庭において、子どもが保育所から小学校に上がる際、直面する社会的な問題を、（　　　　　　）といいます。保育所では、延長保育があるところも多く、ある程度遅い時間まで子どもを預かってもらえます。しかし、公的な学童保育では通常18時で終わってしまうところも多く、保育所よりも預かり時間が短くなってしまい、子どもは、家で一人で過ごすことになります。保護者は安全面でも精神面でも心配がつきません。

⑤学童保育が小学3年生までのところも多く、小学4年生からは放課後や長期休暇中の

子どもの居場所の確保が問題になります。これを（　　　　　　）と言います。より難易度が高くなる学習面のサポートや、そろそろ反抗期を迎えつつある子どもの精神的なサポートに親が関わる必要が出てきます。

⑥子育てと親の介護が同時期に発生する状態のことを（　　　　　　）といいます。女性の晩婚化により出産年齢が高齢化し、兄弟数や親戚ネットワークも希薄化し続けている現代では、そのような世帯の増加が予測されています。

（解答）①保活　②3歳の壁　③マミートラック　④小1の壁　⑤小4の壁　⑥ダブルケア

妊娠から出産、育休中までの体や心の変化と対応方法

出産までの10カ月、体はどんどん変化していきます。また妊娠中の体調には、個人差があり

ます。一人ひとりの体と心に寄り添った対応を心がけましょう。

■妊娠初期（1カ月～4カ月）

〈上司の対応〉

妊娠の報告を受けたら、まずは心から「おめでとう」と伝え、今後の制度利用や業務について話し合いましょう。

出産予定日、現在の体調で業務上配慮が必要なこと、不安に思っていることなどを確認しましょう。母体の健康に配慮しつつ、仕事の分担を考えましょう。

流産の多い時期。過労やストレス、重い物を持ったりということが原因で起きることも。出血やおなかの痛みに注意が必要です。見た目では妊婦とわからないので、通勤などでは自分でしっかり身を守るように伝えましょう。

〈本人の心身の様子〉

・微熱が続く　・体がだるい　・眠い　・つわりの症状※

※つわりとは
妊娠5週目頃から起こる食欲不振、吐き気、嘔吐などの消化器系の異常のこと。妊娠したことで伴う生理的変化であり、全妊婦の50～80％にみられます。早朝や空腹時に強い症状が出ます。通常は妊娠12～

16週目頃までに自然に消えますが、個人差が大きく、一度消失しても後期に再発することもあります（後期悪阻）。つわりの有無と胎児の状態は無関係です。

〈赤ちゃんの様子〉

妊娠2カ月…胚芽の状態で重さはぶどう1粒くらい

妊娠3カ月…胚芽から胎児に

妊娠4カ月…ママのへその緒をとおして栄養をもらい始める

〈本人が考えておくこと〉

「なぜ仕事を続けるのか」自分にとっての意味を考えましょう

自分の働き続けたいという意思や、働く目的をもう一度確認しましょう。自分の気持ちがはっきりしていれば、育児や仕事に対する迷いやトラブルはぐっと少なくなります。今後、自分はどんな働き方をし、どんな風にキャリアアップしていきたいのか。自分の大切な子どもを、どう育てていきたいのか。自分自身の夢を描いてみましょう。

復職に関して、夫や家族の意見も確認しておきましょう

復職して仕事を続けていく上で、家族のサポートは不可欠です。仕事を継続していくことを応援してくれるか、家族間の認識共有も必要です。

〈本人へのワンポイントアドバイス〉

4カ月頃までには上司に妊娠を報告し、今後のことを相談しましょう

安定期に入るまでは報告しづらいという面もあるでしょうが、なるべく早めに報告することで、体調の関係で休む場合等にも上司の理解を得られやすくなります。

体を第一に考えて行動を

つわりがピークであったり、体調が悪くなる人も多いでしょう。妊娠前と同じように仕事ができなくても、あせらずに。大事な時期なので、まずは体を第一に考えて行動しましょう。法律の制度、自治体の制度、会社の制度等を上手に活用できるように、夫婦一緒に情報収集をするなど子どもを迎える準備を始めましょう。また、日頃から上司や同僚とコミュニケーションを取り、状況を理解してもらうことが必要です。

〈夫の対応〉

体と心が不安定な妻のサポートを

妊娠して思うように仕事ができなかったり、将来について悩んだり、心が不安定になりやすい時期。こんな時こそ、夫のサポートが必要です。妻の話に耳を傾け、家事をシェアするなど、やさしく接してあげましょう。流産をしやすい時期なので、重いものを持ったり、少しでも高さのある場所での作業は進んで引き受けてください。

どこで出産するか一緒に考えよう

分娩施設には「病院」「診療所」「助産所」があります。自宅のそばで産むのが良いか、または里帰りをして産むのが良いのか、夫婦で話し合いましょう。

■妊娠中期（5カ月〜8カ月）

〈上司の対応〉

仕事の引継ぎをどうするか、早めに調整しておきましょう

〈本人の心身の様子〉

・胎動を感じ始める　・おなかが大きくなるので、腰や背中が痛む
・うつぶせで寝られなくなる

〈赤ちゃんの様子〉

妊娠5カ月…手足を動かす
妊娠6カ月…外の音が聞こえるようになる
妊娠7カ月…聴覚・視覚に続いて味覚も発達する

〈本人が注意すること〉

足がむくみやすくなります。仕事中に、机の下に足を乗せる台を用意するなど、工夫が必要です。つわりが治まっても、食べすぎには注意してください。

〈本人が考えておくこと〉

復帰の時期を考える

仕事と育児の両立の考え方はさまざまです。なるべくブランクをあけずに仕事を続けることが大切だと考える人もいれば、離乳するまでの1年間は自分の手で育てたいと考える人もいます。自分にとって何が大切なのか、〝優先順位〟をよく考え、納得のいく復帰時期を決めましょう。

〈本人へのワンポイントアドバイス〉

この時期に、保育所の見学を

希望の保育所の候補が何カ所か決まれば、安定期のうちに見学に行かれることをお勧めします。妊娠後期はおなかもより一層大きくなり動きにくくなると言われています。

〈夫の対応〉

体をいたわってあげましょう

仕事中に足がむくんだり、通勤だけで疲れてしまう時期。足のマッサージをしてあげたり、体をいたわってあげてください。

保育所の見学会なども、ぜひ一緒に参加してみましょう

妻に任せっきりにせず、父親の目線で保育所を確認しておくことも大切です。

両親学級を受講して、育児の知識を身につけよう

※両親学級とは
赤ちゃんを迎えるママとパパを対象に、妊娠中の健康管理や過ごし方、赤ちゃんの沐浴や着替え等の育児体験など、主に行政が開催する教室です。

おなかをさわって胎動を感じたり、赤ちゃんに話しかけよう

夫婦で今後の働き方について、話し合っておきましょう

妻の妊娠を会社に報告し、育休を取得する場合は、早めに上司に相談・報告しましょう

■妊娠後期（8カ月～産休前）

〈上司の対応〉

産休、育休中に情報を受け取れるよう、まとめてもらおう

産休、育休中に、会社とのつながりを切ってしまうと、職場に復帰した時に〝浦島太郎〟になってしまいます。どの時期は、どこに連絡して欲しいかなど、自分自身の連絡先をわかりやすくまとめるように、伝えておきましょう。

〈本人の心身の様子〉

・おなかが張りやすい　・子宮が大きくなることで、食べられない　・動悸、息切れ

〈赤ちゃんの様子〉

妊娠8カ月…誕生に備えて呼吸に似た動きを始めるようになる

〈本人が注意すること〉

妊娠中毒症や早産に注意してください。産休に入ると急に太ることもあるので、散歩など適度な運動を取り入れましょう。

〈本人が考えておくこと〉

計画的な仕事の引継ぎを

妊娠後期には、切迫早産等、予期せぬトラブルで入院を強いられることもあります。万が一に備えて、引継ぎは計画的に早めに進めておきましょう。そのためにも、仕事を引継ぐ担当者を早めに決めてもらうことが必要です。

【引継ぎをスムーズにするチェックポイント】

□仕事を引継いでくれる人との人間関係をしっかりつくる
□切迫早産など、早く産休に入ることもあるので、早め早めにすすめる
□わかりやすい引継ぎマニュアルを作成する（月単位、週単位、日単位など）
□取引先の担当者一覧を作成する際には、担当者の特徴など、注意事項を加えておく
□メールの例文をまとめておくなど、引継ぐ人が助かるような工夫をしておく

関係先（社内、社外）への挨拶

社内外の関係者に、育休中の代わりの担当者が誰かを伝えておきましょう。産前休業に入る前に、関係者への挨拶を忘れずに。

【産休前の最終チェックリスト】

□お世話になった社外・社内の人に、産休に入る旨の挨拶メール（電話）をする
□デスクの上やロッカー、パソコンのデスクトップはきれいに整える
□私物の忘れ物はないか確認する
□上司・同僚に感謝を伝える
□復職したいと思っている時期を伝える
□産休・育休中の連絡者を確認する。電話番号やメールアドレス、人事部担当者の連絡先などを手元に控えておく

〈本人へのワンポイントアドバイス〉

産休、育休中も会社の情報を受けとれるように手配しよう

産休、育休中は育児に専念したいものですが、いざ休みに入ると、社会から取り残されたように感じたり、不安になる人もいます。郵便物を定期的に自宅に送ってもらうよう手配したり、定期的に会社の情報をメールでもらえるよう同僚に頼んだり、情報を得るための努力をしま

しょう。そうすることで、復帰するんだという意思をアピールすることにもつながります。

〈夫の対応〉

妻の体調をよくチェックして

仕事の引継ぎなどで、妻は無理をしがちなときです。いつもと違うおなかの張りや出血があったときなど、すぐに病院に連れていってあげましょう。

身の回りのことや家事を積極的にしよう

陣痛が始まって慌てないように準備しておこう

入院・出産の準備・段取りを妻と確認しあい、整えておいてください。

出産予定日をすぎても焦らず、妻の不安をやわらげよう

初めての出産の場合は、予定日をすぎるととても不安です。「大丈夫！」と安心させてあげましょう。

■産休突入〜出産

〈上司の対応〉

出産の報告を受けたら、心から「おめでとう」と祝福を伝えましょう

〈本人の心身の様子〉

・大きくなった子宮に押されて、胃もたれや息切れ

〈赤ちゃんの様子〉

妊娠9カ月…手足の爪が伸びて髪の毛が長くなる

妊娠10カ月…子宮の出口に向かって、頭が下がり始める

〈本人が注意すること〉

出産後に届出が必要な書類等、出産後の手続きを確認しておきましょう。また、休みに入ると、運動不足になったり、間食をしたりと食生活も乱れがちです。臨月になり、急に体重が増加することも。規則正しい生活を心がけましょう。

〈本人へのワンポイントアドバイス〉

出産準備を進めるとともに、体調を見ながら、保育所の見学を最低2～3カ所は行っておきましょう

産後の体をしっかり休め、体調回復に専念しましょう

〈夫の対応〉

入院中や退院のときには、できるだけ付き添いましょう

出産直後は初めての育児で不安になりやすい時期。そんなときは、夫にそばにいてほしいもの。仕事の都合もあるとは思いますが、配偶者出産のための特別休暇制度を利用するなどし、

できるだけそばにいてあげるようにしましょう。

上のお子さんがいる場合はしっかりフォローを

赤ちゃんにお母さんをとられてしまったようで不安になりやすい時期です。「お姉ちゃん（お兄ちゃん）、がんばってるね」と、心にしっかり寄り添ってあげましょう。

■育児休業中

〈上司の対応〉

育休中も定期的に連絡を取り、保活の状況や復職時期などの情報交換を行いましょう

〈本人の心身の様子〉

・産後は抵抗力や集中力も弱っていて、何よりも疲れていて体力がない
・産後3週間までは家族や身内に甘えてゆっくり休み、その後少しずつ家事を開始
・4週間後からはストレッチやヨガなど、姿勢を正す軽い運動も良い

〈本人へのワンポイントアドバイス〉

子どもとの時間を楽しみながら、復帰に向けてできることにチャレンジしましょう

育児についてひとりで悩みを抱え込んでしまわないよう、地域の保健所へ相談に行ったり、地域子育て支援センターへ子どもを連れて行き、保育士の先生に相談するのもよいでしょう。

子どもが2カ月になったら、保活を再開し、希望の保育所を絞りこみましょう

〈夫の対応〉

育休中は、妻に育児・家事を任せっきりになりがち。復帰後のことを考え、引き続き育児・家事をシェアしましょう。

父親の育休取得の勧め　～なぜ今、男性の育休なのか？

積極的に子育てをしたいという男性の希望を実現するとともに、パートナーである女性側に偏りがちな育児や家事の負担を夫婦で分かち合うことで、女性の出産意欲や継続就業の促進にもつながります。また、男性が育休を取得することで、家族との絆だけでなく、仕事面においても相乗効果があります。上司として、部下の男性が育休を取得したいと申し出があったら、快く受け入れてあげましょう。

男性が育休を取ることによるメリット

〈仕事において〉

タイムマネジメント力、段取り力、リスク管理能力、部下や後輩を育てる力の向上

〈家庭において〉

妻、子どもの信頼関係が深まる

特に変化の大きい乳児期から関与することは、互いの理解を深めることができ、育児への楽しさが一層増します。

妻の産後のストレス軽減に役立つ

「産後うつ」は日本の母親の約10～15%に見られ、不安、イライラ、不眠、自分を責める、子どもに愛情を持てない等の症状が現れます。出産による女性ホルモンのバランスの崩れや、周囲からの十分なサポートが得られないことからくるス

図3-1　育休所得パターン（先輩パパの実例より）

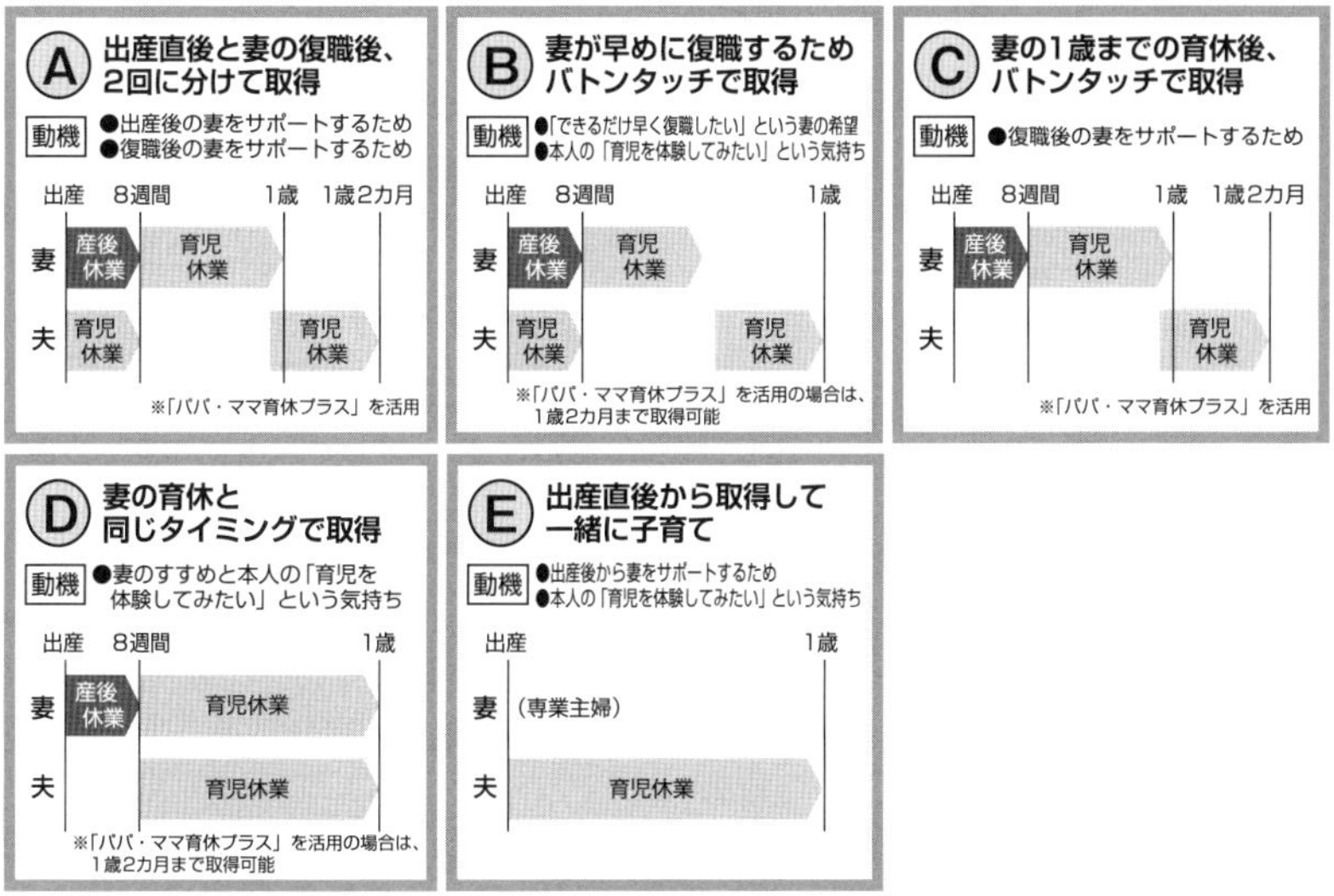

出典）内閣府「父親の仕事と育児両立読本」

トレスが原因と言われています。父親が育児休業をとり、慣れない育児を夫婦で協力して行うことで、母親の産後のストレス軽減に大きく役立ちます。

〈人生において〉

自分にとって、今後何を大切に生きるかを考える機会となる

父親の育休取得のタイミング・期間はどう決める？

父親が育休を取得する場合、どのようなタイミングで、どのくらいの期間とるか、それぞれの家庭の事情や会社の制度等を勘案して検討する必要があります。

育休取得パターン（図3－1）を参考にしながら、「なぜ、育休を取得したいのか」「どんなふうに妻をサポートできるのか」「お互いの今後のキャリアをどう考えるのか」など夫婦でよく話し合ってみてください。

会社や職場で理解を得るための心得七箇条

育休取得にあたって、会社や職場の理解をどう得るかは、会社員にとって大問題。先輩パパたちは、こうした工夫をして理解を得た上で、育休に向けてさまざまな準備を行っています。

〈育休をとるために〉

1. 事前準備を整え、早めに上司に相談する
2. 職場で「育休取得」を周知し、理解と協力を求める
3. 人事部などに相談する
4. 周囲の支援は、普段の仕事ぶり次第と心得る

〈育休取得がきまったら〉

5. 業務を棚卸しし可視化する
6. 社内の関係部署に周知する
7. 顧客や取引先に連絡・周知する

出典）父親の仕事と育児両立読本

保活《ほかつ》最新事情

希望の保育所に入所させるための活動を「保活」と言います。毎年、認可保育所を増やすな

ど全体の定員は増えているのですが、都市部では希望の保育所に入所させるのが厳しい状況が続いています。また、たとえば7月に出産をし、翌年の7月に保育所に預けて、仕事に復帰したいという希望を持っているとします。4月に定員がいっぱいになる保育所が多く、年度途中での入所はなかなか難しいのが現実です。その結果、本来は1年間育児休業を取りたいのですが、4月が入所しやすいので、0歳児で職場復帰することになります。

ここでは、保活について、知っておいてほしい基礎知識をお伝えしたいと思います。

■認定について

保育所の利用を希望するには、お住まいの市町村から利用のための認定を受ける必要があります。

1号認定：保育の必要性を認定されていない満3歳以上児（幼稚園・認定こども園を利用可能）
2号認定：保育の必要性を認定される満3歳以上児（保育所・認定こども園を利用可能）
3号認定：保育の必要性を認定される満3歳未満児（保育所・認定こども園・地域型保育を利用可能）

■保育所の種類

大きく分類して、国の基準を満たす認可保育所と、認可外保育施設があります。認可保育所が人気ですが、認可外保育施設でも、とてもあたたかくて良い保育をしているところがあります。

認可保育所（2号・3号の子どもが対象）

①公立
市区町村が設置した保育所なので、建物や園庭など、設備が整っている。
保育料は、前年度の所得、子どもの年齢により決まる。
「公設民営」もあり、運営が民間に委託されている。

②私立
社会福祉法人立が多いが、株式会社やＮＰＯの運営も増加中。
保育内容は、所長の保育方針や経営者の方針により違うことが多い。
産休明けや長時間延長などを実施するところも多い。

地域型保育事業

①家庭的保育（保育ママ）
3号対象。定員5人以下で家庭的な保育を行う。

②小規模保育
3号対象の定員が6～19人の小規模な保育。

A型：全員が保育士の有資格者
B型：半分が保育士の有資格者
C型：家庭的保育者（保育ママのグループ保育）

幼保連携型認定こども園

1号・2号・3号の子どもが対象。幼保連携型は幼稚園と認可保育園の合体版。

認可外保育施設

①認証保育所

自治体が助成しているので、認可保育所と同じように安心して利用できる施設。名称は、東京都の「認証保育所」、横浜市の「横浜保育室」など、地域によって異なる。

②①以外の認可外保育施設

産休明け保育のような6カ月未満の0歳児の受け入れ、夜間保育など、さまざまなニーズに応えてくれるところが多い。保育料は、認可保育所に比べて割高。

③企業主導型保育所

企業のニーズに応じた、保育所の柔軟な設置・運営を助成する制度（平成28年度スタート）。国から、保育所の運営費・整備費の助成金が出る。複数の企業の共同設置や地域の子どもの受け入れも可能。

■事前の見学・通勤シミュレーション

・候補にあげた保育所については必ず見学に行きましょう。施設・設備・実際に通っている子どもの様子などを見ておくことで、自身の復帰後のイメージづくりにもつながります。朝の準備時間がどのくらい必要か（何をしなければならないか、持ち物等）も聞いておくとよいでしょう。

・送り迎えを実際に行うことを想像し、不便がないか（ベビーカー置き場は十分？　車で預けに来られる？）も確認しましょう。

・子どもを預けたあと、最寄り駅までどのくらい時間がかかるのか、なども確認しましょう。

・雨の日など天候の悪い日のことも考えておきましょう。

・いずれの時間も余裕をもって設計してください。

■入所必要性のアピール

・第1希望は認可保育所という方が多いと思いますが、待機児童の数値が表しているように激戦となる地域が多いでしょう。勤務や収入の条件が同じであれば、「より困っている人」が優先されます。

図3-2　第何希望の保育所に決まったか

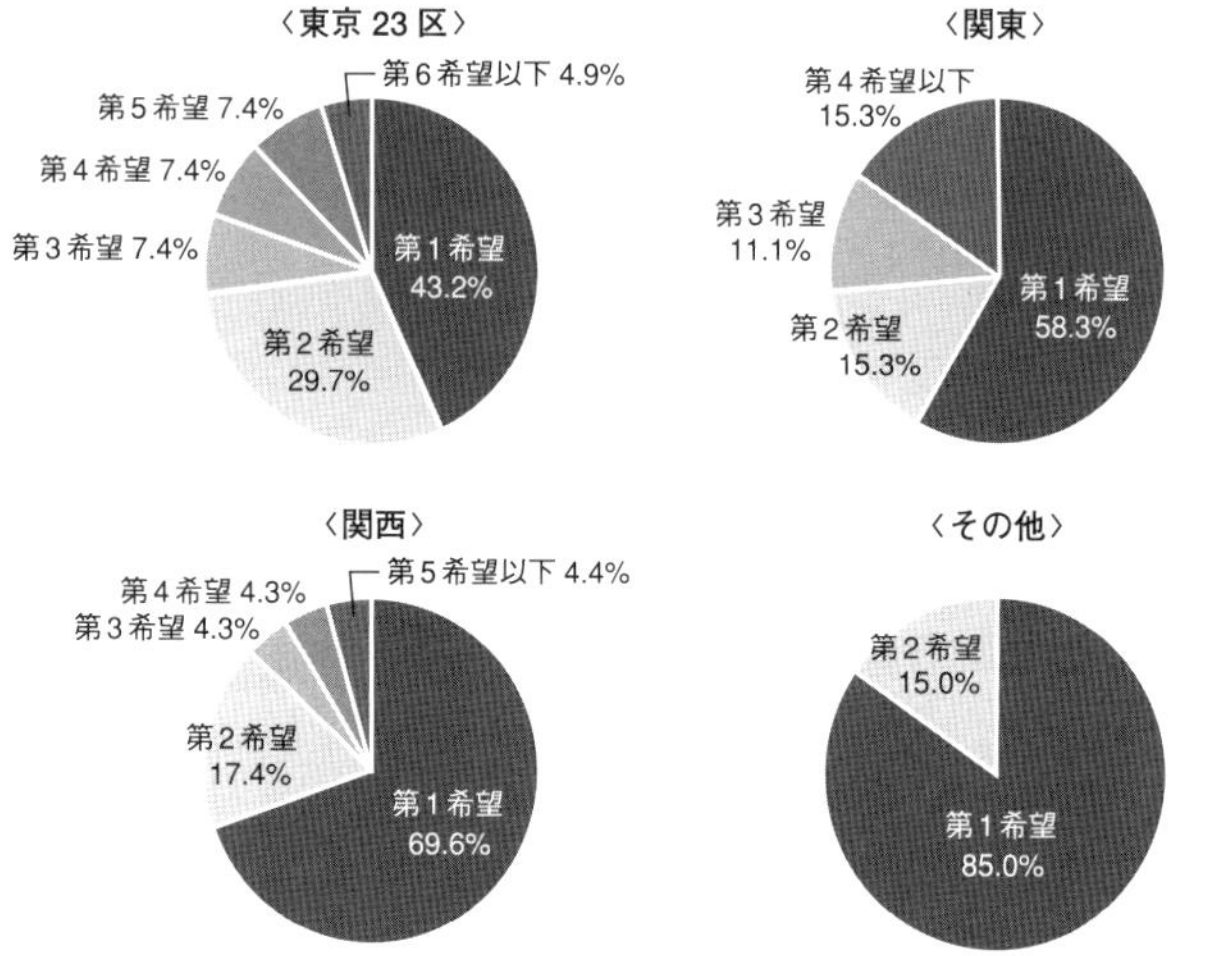

図3-3　0歳児と1歳児、どちらが希望の保育所に入りやすい？～第1希望に入れた人の比率

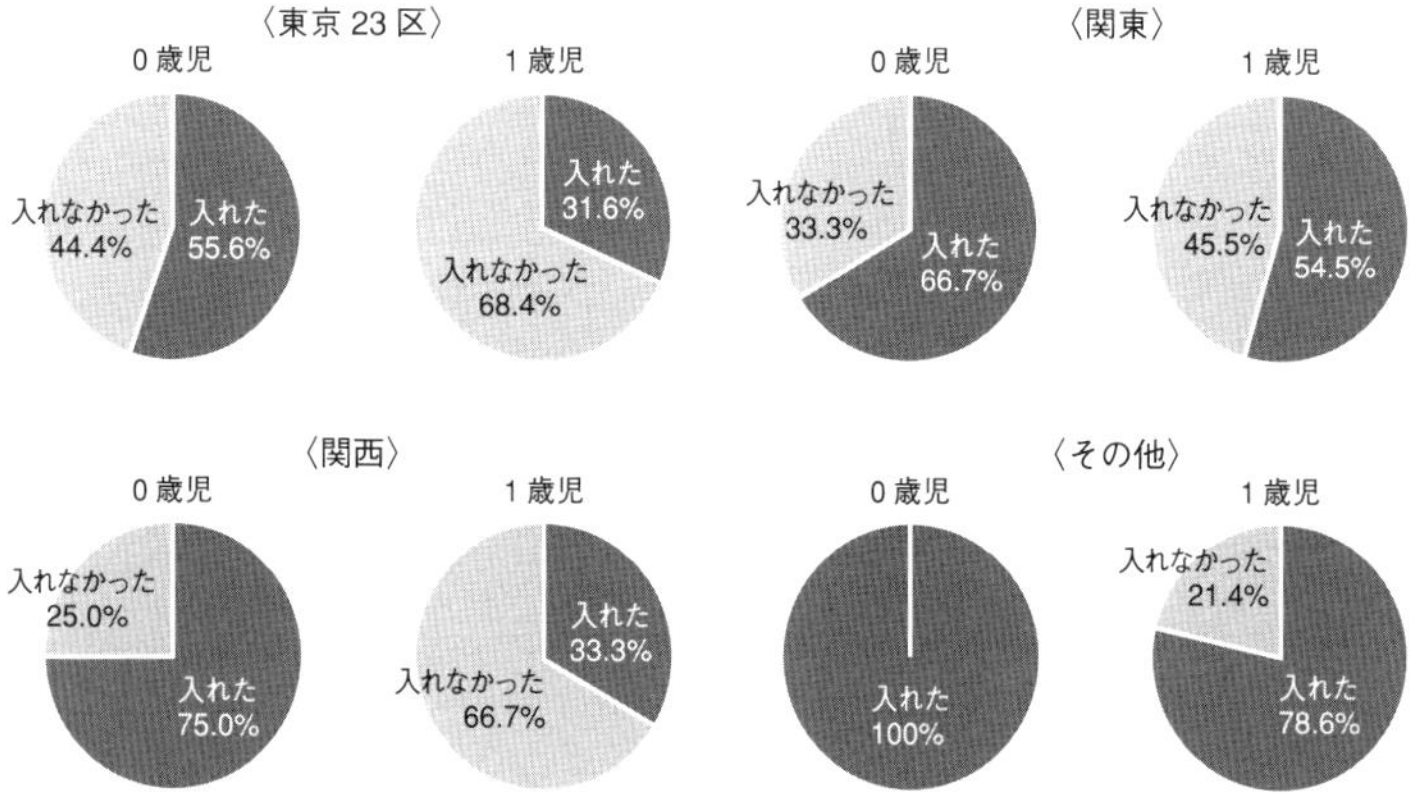

出典）図3-2、3-3ともマザーネットの保活コンシェルジュサービスをご利用され、2021年4月に保育所に入所された方のデータ（N=104）

・保育所入所申込書には、送り迎えと通勤が現実的な範囲で、選択可能な保育所はすべて記入しましょう。場合によっては欄外になってもいいので、記入しましょう。
・自治体の窓口にいって、「どうしたら入所できるか」相談しましょう。
比較的倍率の低い保育所はどこか、入所見込みはあるか等を聞くなど、自治体窓口に通って「入所できないと困る」と、ご自身の状況を伝えるのも手段の一つです。

■2021年4月の保活の現状

マザーネットでは、2013年より企業からの要望を受け、社員の方が希望の保育所に入所するのをマンツーマンでサポートする保活コンシェルジュサービスを展開しています。

2021年4月には、約600名の方が子どもを保育所に入所させ、職場に復帰しました。

2021年4月の保活の特徴は、以下の通りです（詳細は図3－2・図3－3を参照）。
・出生数の減少により、前年より入所しやすかった
・例年より、第1希望に入所できている人が多い
・1歳児より0歳児の方が希望の保育所に入所しやすかった
・激戦区ではエリアによっては相変わらず厳しい状態が続く

■第一希望の保育所に入所できた人の保活とは

2021年4月に、第一希望の保育所に入所できた人の保活は何が違ったのか、入所できた人のノウハウをお伝えします。

〈情報収集（役所）〉

前年度の願書を入手し、内容を把握しておく

私は里帰り出産期間中に願書の提出締切があったので、願書の提出は夫に依頼していました。直前に夫が慌てないためにも、歩けるうちにお散歩と称して保育所の位置や外観を確認しておきました。また、前年度の願書を入手し、どのような書類を集めておけばいいのか、どのような記入欄があるのかを把握しました。各保育所の詳細を調べるのは時間がかかりますので、少なくとも願書については早めに把握しておいた方がいいと思います（横浜市戸塚区）。

遠慮せずに、周りに相談する

保活は、ある意味で情報戦だと思います。遠慮せずに、自身の現状や、希望の保育所、困りごとを各種サービスで相談すると、有益な情報がいくつも返ってきました。一人でネットで情報を集めているよりも、早く周りに相談したほうが良かったです（東京都台東区）。

産まれる前に動いておく

産まれてからだとどうしてもバタバタするので、動けるようであれば保育所の情報収集や見学、役所への申請時期・方法など、ネット情報を集めるだけでもいいのでしておいたほうが絶対に後々楽です（京都市山科区）。

地域の子育てセンターに参加する

地域の子育て支援センターや親子サークルに参加することをお勧めします。同じ立場のママさんやセンター所属の保育士さんから保育所の情報をもらえたりしますし、育児の相談もできるのでいつも心強い存在でした（富山県富山市）。

自治体のホームページをこまめにチェックする

まずは居住している自治体のホームページなどで保育所に関する情報を確認することが重要だと思います。保育所入所可能人数等は都度更新されており、前年度の人数も参考になります（兵庫県西宮市）。

〈役所の活用方法〉

入所申請書をアドバイスをもらいながら、その場で完成

保育所入所申請書類の配布が始まってすぐ市役所窓口へもらいに行き、そこで子の出生前でも保育所入所申請ができることを知りました。また市の保育所課に予約を入れ相談できることを知り、入所申請書をある程度記入した上で相談に行ったところ、その場でいろいろと教えてもらいながら申請書を完成させ、提出することができました。そういったサービスを自治体でやっていないかを確認し、積極的に相談するとよいと思います（兵庫県西宮市）。

ピンポイントで聞くと、ボーダーラインの点数を教えてくれた

高槻市では内定した人の点数が非公表ですが、市役所の窓口でピンポイントで聞くと、ボーダーラインの点数を教えてくれたので、実際に窓口で聞いた方がよいと思いました（大阪府高槻市）。

何度か市役所に行くと、教えてくれることもある

保活は市役所の方からどれだけ情報を聞き出せるかが勝負の分かれ目です。担当者によって対応が違うので、一度「保育所に確認してください」と断られても、次に行ったら教えてくれることがあります。何度か行く方が良いと思います（大阪府茨木市）。

〈保育所見学〉

セキュリティ面など、見学して初めてわかることも多い

認可外の保育所で、見学に行ったら鍵が開いていて入口付近に人がおらず、誰でも入れる状況のところがありました。それまでセキュリティ面はあまり気にしていなかったのですが、不安があるところには預けたくないと思いました。見学して初めてわかることも多かったので、第一希望以外にもいくつか見学に行くとよいと思います（東京都大田区）。

産前に見学を終えておくと、負担が少ない

産前に保育所見学を終えておくと、負担が少ないと思います。コロナで産前の保育所見学ができず、生後1カ月の赤ちゃんを連れて、決められた時間に合わせて支度をして、毎日のように見学するのは大変でした。また、真夏は暑すぎるので赤ちゃんを連れ回すのは難しいですし、秋は多くのママが動き始めるので見学も混雑するようです（兵庫県尼崎市）。

実際に中に入ってみないとわからないことがある

外から見て立派そうな保育所でも、先生方が疲れ切っていたり、子どもたちへの当たりが強そうだったり。逆に、小規模でも雰囲気が良く、子どもたちがのびのびしていたりと、実際に中に入ってみないとわからないことがありました（大阪府摂津市）。

保育所の園庭解放の日に訪れてみる

園庭解放の日に訪れ、雰囲気をつかむことをおすすめします（岐阜県各務原市）。

〈認可外保育所〉

激戦区では認可外（認証）保育所の見学から始める

激戦エリアの場合は、点数順で先行されるため、認可保育所の保活をしても希望通りにならないことが多いと思います。まずは認可外（認証）保育所の見学から始めることをお勧めします。認可外（認証）保育所は、見学しないと申し込めないところが多く、先着順のところもあります。先着順のところが1つ受かっていると気持ちが楽です（神奈川県川崎市）。

お金を払ってでも認可外保育所を抑えておくべき

認可外の受付開始時期は保育所によって異なりますが、どちらにせよ早い者勝ちです。私の地域では、近隣の認可外は7月に申し込んだものの、2021年4月現在未だにキャンセル待ち中です（兵庫県尼崎市）。

〈保育所の選び方〉

やめた方がいいと思う保育所をリストからはずす

ここいいな！ ここに入れたい！ という気持ちよりも、ここはやめた方がいいかな、という所を見つけて希望リストからはじく作業と割り切った方が良いかもしれません（東京都大田区）。

少し遠い保育所も候補に入れて

各家庭の状況にもよりますが、遠方の保育所（自転車で15分くらい）であっても駅から近い、通勤経路の途中にある等、場所によっては卒所まで通い続けられるところもあります。良い保育環境であれば、近隣にこだわらず、少し遠い保育所も候補に入れてもいいのでは（神奈川県川崎市）。

保活経験者に第一希望を決めた理由を聞く

保活経験者が周りにいたら、第一希望を決めた理由や、嫌だなぁと思ったことを聞いてみるのも参考になると思います（東京都大田区）。

保育所の職員の採用ページをチェックしてみる

保育所の職員の採用情報のページをチェックしてみるのも1つの手です。先生達の待遇がわかるのと、募集頻度の多い保育所は先生の入れかわりが多いということだと思うので、参考になります。先生達に対する待遇がよくない所は避けた方がよいと思います（横浜市泉区）。

優先順位をしっかり決めておく

自分の優先順位（立地なのか、手作りの持参物が少ない、お布団レンタル可など自分の手間が省けることなのか、教育内容なのか、食事なのか、保育時間なのかなど）をしっかりと決めておいた方が順位をつけやすいのではないかと思いました（愛知県岡崎市）。

転所も視野に入れ、戦略的に取り組む

入れればどこでもいいではなく、転所を視野に入れながら、戦略的に取り組むことが必要だと思います（兵庫県西宮市）。

〈心持ち〉

そっけない対応を受けても、ひるまないで

行政の方は忙しいので、そっけない対応の方もいらっしゃいます。万が一そういう人にあたってしまったとしても、保活はお子さんのため、そして自分のために必要で大切なことなので、ひるまず積極的に利用した方がよいと思います（東京都杉並区）。

不安に思いすぎず、ポジティブな気持ちで

保活は大切なわが子を一緒に育ててくれる保育所を見つける前向きな活動です。情報を集め、役所に相談に行き、家族で悩んで希望の保育所を決めれば、今自分たちのいる環境の中でいいと思える保育所に入れる道は必ず開けると思います。たしかに面倒なことも多いけれど、無事入れるか不安に思いすぎず、自分はこの子と家族にとって良いことをしているのだとポジティブな気持ちで動けると、大事な産育休の時間を気分よく過ごせると思います（京都市南区）。

〈ならし保育〉

一時保育を利用して、母子別々に過ごす準備を

復職前から一時保育等を活用して、母子ともにそれぞれの時間を過ごす準備をしておくのがお勧めです（東京都杉並区）。

夫の関与の仕方をならし保育期間から習慣づける

ならし保育は、母&子のためだけでなく、父の慣らしでもあります。ならし保育期間中は、母親の多くが、できなかった家事などをできる期間になり、普段より張り切ってしまうのですが、これは逆効果で、仕事をしていると思って家事を回すのが重要。そこでの夫の関与の仕方をならし保育期間から習慣づけることが重要と後悔しました（大阪市西区）。

〈コロナ禍〉

見学は園児のいない時間帯や玄関先での口頭説明だけ

コロナ禍の保活は、見学対応をしていない保育所がほとんどでした。土曜日の園児がいない時間帯での見学や玄関先で口頭で説明いただける程度でした。そのため、インターネットや地域の窓口から情報を集めるという印象でした。インターネット上にある情報にも限りがありますので、自治体の窓口や未就学児が集まるサークル等へ足を運ぶのもいいかもしれません（横浜市戸塚区）。

見学は短時間だが、必ず行ってほしい

コロナ禍でママ友を作り、保活の情報交換をすることはコロナ以前より困難になっていると思います。園見学の時間も短時間だったり、見られる場所が限られる場合もあります。ただ、先生とお話しし、園の様子を自分で感じるためにも見学は必ず行ってください（横浜市泉区）。

保育所の申請が早まった

２０２０年はコロナ禍で色々とイレギュラーなことも多く、保育所の申請も例年より早まったので、早め早めに動いておいてよかったと思います（京都市山科区）。

全く見学せずに決めてしまい、不安だった

コロナ禍の影響で全く見学せずに決めてしまい、正直不安でした。コロナ禍のようなことがなければ、見学に行った方がよいと思います（大阪府高槻市）。

スケジュールを適宜変更しながら活動してほしい

コロナでもともと思っていたスケジュール（産前に何カ所かまわるなど）では見学ができなかったけれど、思い返せば私にとっては産後の保育所の見学が子ども連れで外に出られるようになるきっかけとなったので、まだ引き続きコロナの影響は出ると思いますが、できるだけ心を乱さず、ある程度なるようになる、としなやかな精神でスケジュールを適宜変更して活動できたらいいと思います（京都市南区）。

■今後の保活についての予測

出生数を考慮し、２０２２年４月、２０２３年４月の保活を以下のように予測しています。

〈２０２２年４月入所〉

・コロナの影響により、出生数がさらに減少。２０２１年４月よりも入所しやすくなるだろう。

・激戦区はお住まいのエリアによっては、厳しい状態が続くだろう。

〈２０２３年４月入所〉

・コロナの影響により、結婚・出産を控えていた人たちの出産ブームがやってくるだろう。

・かなり厳しい保活が予測される。コロナの影響により閉所や縮小した認可外保育所もある。

・新設される「子ども庁」による待機児童対策がどこまで進むか、期待したい。

〈保活の3つのポイント〉
・早め早めに動き、やれることはすべてやる
・第一希望に入れないことを想定し、事前に入れるところを確保しておく
・最後まであきらめずに、動く

急な子どもの発熱への対応は？

〈上司の対応〉

朝はとても元気だったのに、子どもの体調は急変しやすいもの。部下から「子どもが急に熱が出たと保育所から連絡がありました。申し訳ありませんが、早退させていただきます」と言われたら、以下のステップで対処してください。

1　まずは、第一にお子さんの体調を心配する。具体的には「熱が高いのかな。大丈夫？心配だね」と、部下の心に寄り添いましょう。

ここで「お母さんは一人しかいないからね」と言うのは避けましょう。この言葉は「小さい子どもがいる母親は働くべきではない」というメッセージと受け取られる可能性があります。

2　急な発熱で保育所に迎えに行った後は、なぜ熱が出たかを調べてもらうため、病院を受診することがほとんどです。その結果によっては、翌日以降も休みが続くことがあるため、病院受診後に、今後の対応について、連絡をもらうようにしましょう。

どれぐらいの頻度で熱が出るか、上司として不安になることがあると思います。個人差はありますが、2歳まではよく熱が出ますが、2歳を越えると急に熱の出る回数が減ってきます（表3－1）。「2歳までの辛抱だね。子どもは熱を出して、免疫をつけて、成長していくものだからね」と声をかけ、部下を安心させてあげましょう。

ここからは、部下の方が、子どもに熱が出た後、どのように対応するかを、お伝えします。

表3-1　子どもの病気で母親が仕事を休んだ日数／月

0歳児	1歳児	2歳児	3歳児	4歳児	5歳児	小学校低学年
17.3日	14.9日	6.5日	5.5日	2.9日	1.8日	0.5日

出典）マザーネット調べ

■家族で対応する

・自分が仕事を休んだり、早退をして対応

どうしても出席しなければいけない会議がない場合など、仕事が調整できる時の対応方法です。

〈急な休みを会社に伝える時の3つのポイント〉

1 子どもの病名や状態を、簡単に伝える
2 いつ出勤できるのか、見通しを伝える
3 影響のある仕事について、概要を伝える

〈保育所や小学校からの呼び出しで、すぐにお迎えに行けない時の対応は？〉

1 保育所へは、現在の仕事の状況を正直に伝える
保育所でもっとも困るのは、何時に迎えにくるかわからない状況。短めの時間を伝えておこうなどと思わず、到着予定時間は正確に。すぐに職場を出にくい時には正直に伝え、最善策を先生と相談しましょう。

2 仕事の引継ぎは明確に。家からも必ず一報を
保育所や小学校から連絡を受けてあわてて帰る前に、仕事の引継ぎと緊急時の連絡先を伝えることを忘れずに。早退はしたものの、翌日以降の出社が可能かどうか、職場側はわか

らないので、帰宅後に落ち着いたら、必ず一報を入れましょう。

〈子どもが回復し、出社したときの対応は？〉

「お休みをいただき、ありがとうございました」と、上司や職場のみんなにお礼を直接口頭で伝えることを心がけてください。子どもが病気だから、休んでも当然という態度は、控えてください。もし可能なら、朝少し早く出勤するなど、仕事を取り戻そうという姿勢を周囲に伝えることも大切です。

・夫が仕事を休んだり、午後から出勤したり、早退をして対応

子どもが病気の時は妻、妻がどうしても都合が悪い場合は夫に頼む、というケースが一番多いです。しかし夫も、いきなり頼まれても仕事の都合がつかないことが多いものです。「もしも」の時のために、お互いのスケジュールを事前に確認しておきましょう。

〈夫とのスケジュール調整&担当日を覚えてもらうポイント〉

1　会議や外出・出張など、自分が絶対に対応ができない日時は、できるだけ早めに伝える（予定を入れる前に、夫に確認するのもよい）

2　夫が対応できない日は、必ず自分の予定表に記入。よくあるトラブルは、夫が自分の担当日を忘れてしまうということ。自宅の目につくところにあるカレンダーに記入する、付箋

に担当日を記入して渡す、携帯にメールするなど工夫を

3 一日の中でも、時間帯で担当を分ける

妻がまず出勤して職場で引継ぎをして帰宅し、入れ替わりで夫が13時までに出社するというケースが多くあります。短時間ずつでも、お互いに折り合いをつけて、調整しましょう。

■親に自宅に来てもらう、または親の家に連れて行って対応

〈親に頼むときのポイント〉

1 「病気の時にみてほしいから、1カ月の予定を教えておいて」など、傲慢な言い方をしてはいけません。親にも自分の生活があり、やりたいことがあります。あらかじめダメな日は、やさしい言葉で確認しましょう。

2 育児方針の違いでトラブルになることも。自分たちの育児方針を理解してもらうため、ポイントを紙に書いて伝えてもよいでしょう。

3 親にみてもらうことは当たり前とは思わず、感謝の気持ちを伝えて。直接言いにくければ、カードにお礼の言葉を書いて渡すのも良いでしょう。良かったポイントを伝えると喜ばれます。

■プロに任せる

・病児保育室

医療機関併設型、単独型、保育所併設型、乳児院併設型、児童養護施設併設型などがあります。
お住まいの近くの施設は、行政のＨＰまたは以下のサイトから検索できます。
全国病児保育協議会　https://byoujihoiku.net
利用前には、安心して預けられるところなのか、見学に行ってみましょう。

・自宅で看病してくれる派遣型病児保育サービス

ベビーシッター会社において、病児保育シッターをサービスメニューの一つとしてラインナップするところが増えてきました。各社のＨＰで確認し、実際にメールや電話で問い合わせをして、自分との相性や信頼できるところかどうかを確認するとよいでしょう。

新規参入の企業も増えてきているので、病児保育に関する実績などについても質問してみましょう。

在宅勤務の場合は、別室で病児もＯＫのベビーシッターに子どもをケアしてもらいながら、仕事をするというケースも増えてきています。

〈ベビーシッター会社選びの事前チェックポイント〉

1　信頼できる会社かどうか?

会社のＨＰから所在地、経営母体、運営実績などを確認しましょう。過去に事件や事故を起こしていないか、ネットで調べてみてください。該当会社のＨＰからは消えている、あるいはわかりにくいところに掲載されているケースもあります。

2　加入している保険は安心できる内容かどうか?

公益社団法人全国保育サービス協会が指定する保障制度加入の有無、またはそれと同様の保険に入っているかを確認しておきましょう。

3　事務やスタッフの対応はどうか?

実際に電話をしてみて事務の対応に誠意が感じられるかなどをチェックしましょう。

4　ベビーシッターの採用基準、教育方針はどうなっているか?

育児経験や最新のチャイルドケア知識の有無、利用者の気持ちを理解してくれる人柄かなど、会社の採用や教育方針を、ＨＰの採用ページで調べてみましょう。オンラインではなく、対面でしっかり面接して採用しているかを確認することも、大切なチェックポイントです。

子どもの成長や本人のキャリア形成、職場のニーズからみた、フルタイム勤務に戻るタイミング

「子育てが少し楽になった時に、フルタイムに戻りたい」と考える部下が多いものです。２０２１年４月に復職された方で在宅勤務が中心の方は、時短勤務ではなく、フルタイム勤務を選ぶ方が増えるという傾向がありました。ここでは子どもの年代別に、子育てで起こりうる問題についてご紹介します（表３―２）。

フルタイム勤務に戻るには、子どもが不安定になりやすい時期を避けるとよいでしょう。子どもは大きく環境が変わる時に、不安定になりやすいものです。ただし、個人差がありますので、自分の子どものタイプや状態を見て、判断することを促してください。

また、職場のニーズから見ると、早ければ早いほど望ましく、準備ができればいつでもフルタイムに戻ってほしい、というのが本音だと思います。長い視点から、仕事とどのように向き合いたいか、どうしたらやりがいが得られるか、コミュニケーションをしっかり取りながら、状況に応じて柔軟に部下と一緒に考えていかれてはいかがでしょうか。

表3-2　子どもの年代別、子育てで起こりうる問題

子どもの年代	子育てで起こりうる問題（不安なこと）
保育所に入所した直後	・子どもにとっての環境が大きく変わり、精神的に不安定になることがある。0歳児の方が、環境に慣れやすい
保育所に入所した翌年以降の4月	・担任の先生が変わったり、仲の良い友達が転所したり、入所時ほどではないが、慣れるまで少し時間がかかる
2歳まで	・集団生活により、感染症などにかかりやすい
3～6歳	（安定期）
小学1年生の1学期	・保育所から学童保育へ。環境が大きく変わり、精神的に不安定になることがある ・自分で学童保育から帰ってくるので、帰り道で不審者に会わないか、また家に入る時に不審者がついて入ることがないかなど、子どもに危機回避の方法を教える必要がある ・自分で鍵を開けて、自宅に入る必要がある。一旦帰宅して外へ遊びに行く場合、鍵を開けっ放しで出かけてしまうことがある。また、自宅の鍵を紛失してしまうことがある ・親が帰るまで、子どもが一人で自宅で過ごす時間が出来る
小学1年生の夏休み	・学童保育に行く時間より、親の出勤時間が早い場合、自分で鍵を閉めて、出かける必要がある。電気やエアコンをつけっぱなしで出かけることもある
小学1年生の2学期	（安定期）
小学1年生の冬休み	・子どもはずいぶん慣れてくるが、親の心配は絶えない
小学2年生	（安定期）
小学3年生	・遊ぶ友達が限定されるため、学童保育をやめたい子も増えてくる （安定期）
小学4年生の1学期	・多くのところで、学童保育がなくなる。放課後の過ごし方を、親がコーディネートする必要がある ・中学受験の勉強がスタートする子も。塾からの帰宅が22時ごろのため、塾前の食事の用意が必要
小学4年生の夏休み	・朝から晩まで、一人で過ごすことになる。約40日間の夏休みの過ごし方を、子どもの意見を聞きながら、親がコーディネートする必要がある ・一人で昼食を食べるので、電子レンジやホットプレートの使い方について教えていく
小学4年生の2学期	（安定期）
小学4年生の冬休み	・子どもはずいぶん慣れてくるが、親の心配は絶えない
小学5年生	（安定期）
小学6年生	・中学受験のフォローが必要 （安定期）

出典）マザーネット調べ

上司・同僚の心得 ～組織管理者としてお願いしたいこと

仕事と子育てを両立するためには、本人が積極的に対応することが必要ですが、それだけでは乗り越えられないこともあり、上司を含めた職場の理解と支援が必要となってきます。

〈上司が心がけること〉

・定期的なコミュニケーションで、部下の状況を正しく把握

部下はそれぞれのステージで、抱える悩みも変わります（表3―3）。また、出産や育児を経験して、キャリアや働き方に対する考え方が変わることもあります。日頃からコミュニケーションを図り、部下の状況を正しく把握し、臨機応変に接することが求められます。

・部下の気持ちに寄り添った対応を

育児中の社員にとって、子どもの病気で急に休むということは、避けられないことです。たとえば、子どもの病気で休むという連絡が入った時、心から「お大事に」と伝えましょう。そうした中から、信頼関係が強まり、仕事においても相乗効果が得られるでしょう。

・中長期の視点での人材育成

これから子育てしながら働く部下について、働き方に制限があるという面だけをとらえるの

表3-3　ワーキングマザー悩み最新事情（新型コロナウイルスの影響を含む）

職　場	・出産前に担当していた仕事からはずれ、やりがいが感じられない ・キャリアアップが難しくなる ・上司がワーキングマザーをどう扱ってよいかわからない ・子どもの発熱でいつ呼び出しがあるかわからず、ドキドキしながら仕事をしている ・限られた時間の中で効率的に仕事をあげないといけない **・在宅勤務で、上司や同僚とのコミュニケーションが難しい**
家　庭	・家事・育児を自分1人が担っている〈ワンオペ育児〉 ・夫は育児を手伝いたい気持ちはあるが、帰宅が遅く、頼りにならない ・父母や義理の父母が高齢になり、通院などのサポートが必要に〈ダブルケア〉 **・在宅勤務で、夫の昼食を作るなど、家事の負担が増えた**
保育所・学童保育	・0歳児、1歳児が入所しにくい〈保活〉 ・3歳になったら、新しい保育所を見つけないといけない〈3歳の壁〉 ・病気の時、預かってくれるところがない ・学童保育は17（18）時で終了。終了後子どもが家でひとりで過ごすのが心配〈小1の壁〉 ・学童保育は小3（4）まで。夏休みなど、長期の休みのときの預け先がない〈小4の壁〉 **・コロナで保育所や小学校が休みになる**
こころ&からだ	・第2子、第3子を産む決断ができない ・仕事が終われば走って保育所へお迎えし、帰宅してからは、家事に追われる毎日。体の疲れがとれない ・母が働くことで、子どもに与える影響が心配 ・40歳近くなって出産したので、育児がきつい〈トリプルケア〉 **・コロナの感染が心配で、出産を控える**
地　域	・小学校の行事、PTA活動は平日の昼が中心。仕事をぬけて参加しにくい ・仕事を持っていても、クラス委員などの免除なし ・専業主婦の人がメインの活動のため、平日の午前中の活動も多く、そのために時間をさくのは大変

出典）マザーネット調べ

ではなく、5年後10年後に組織の中核となる人材と位置づけ、育成計画を立てて、本人と共有することが大切です。

〈同僚が心がけること〉

・子育て中の同僚がどのようなことで悩んでいるのかを理解する

子育て中の同僚の代表的な悩みは、表3—3の通りです。

・同僚の気持ちに寄り添った対応を

育児中の同僚は、周囲に迷惑をかけて申し訳ないという気持ちを持っています。「大丈夫。お互い様なので」と、優しい言葉をかけてあげてください。

夫婦でどのように育児・家事をシェアすれば良いか？

■上手なシェアのための、お互いへの反応や言葉について

1．自分の行った家事に対し、配偶者から受けた反応

男女ともに最も多かったのは、「感謝される」でした。一方、女性の2位は「無反応である」で54%と半数以上が経験しています。男性では「文句を言われる」「ダメだしされる」というネガティブな反応を半数以上が経験しています。

パートナーが行った家事に対する反応のポイントは、以下の通りです。

・夫は妻の家事に対して、何も反応しないことはやめよう
・妻は夫の家事に対して、「文句」や「ダメだし」をしないようにしよう
・「感謝を伝える」「ほめる」ことが、家事分担が上手くいくコツとなるでしょう
・ほめる時には、「肉じゃがのおいもがホクホクしていて、すごくおいしかった」など、より具体的に伝えると良いでしょう

図3-4　自分の行った家事に対し、配偶者から受けた反応

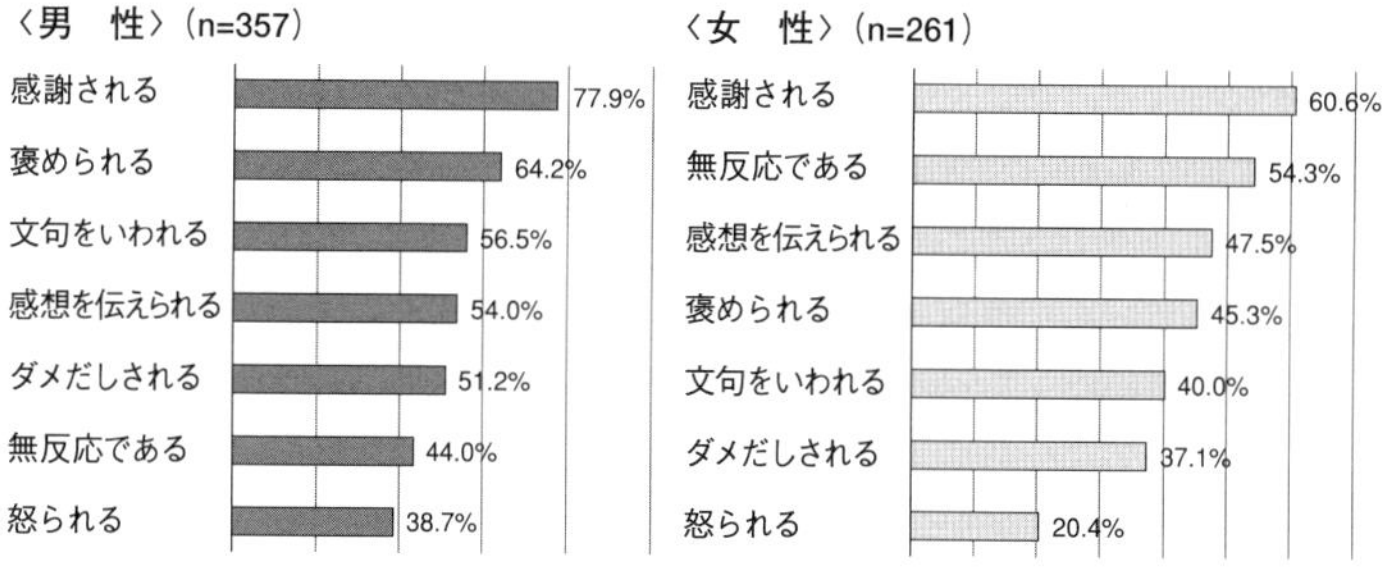

出典）調査主体マクロミル、20～49歳のフルタイム勤務の既婚男女

2. モチベーションの下がる言葉とは

夫から妻に対して、優しい気持ちで「手伝おうか？」と言うことが多いのではないでしょうか。「手伝う」という言葉は、「育児・家事は妻がやるものだけど、その一部をやろうか？」というメッセージと受けとられるかもしれませんので、NGワードとなりますので、気をつけてください。

妻から夫に対して、「どうしてこんな風にやったの？」「教えたとおりにやってね」と言われ、傷ついた夫も多いのではないでしょうか。

妻は夫に対して自分と同じ方法での育児・家事のやり方を要求することが多いもの。育児・家事のやり方は、夫と妻で違うもの。家事については、それぞれの家庭で培われたやり方もあります。

最終イメージとして、どうなってほしいのかを伝え、やり方については、任せるとよいでしょう。

お互いに対して、「まだ□□が出来ていないよ」と言われたことはありますでしょうか。

あなたの靴下のたたみ方はどれですか？

靴下のたたみ方は、それぞれの家庭で長年やってきた方法があります。
くるん折りは、靴下の左右がばらばらになりにくい利点がありますが、伸びるのが嫌な方もいます。
自分と同じ方法をパートナーに要求すると、トラブルになることもあります。

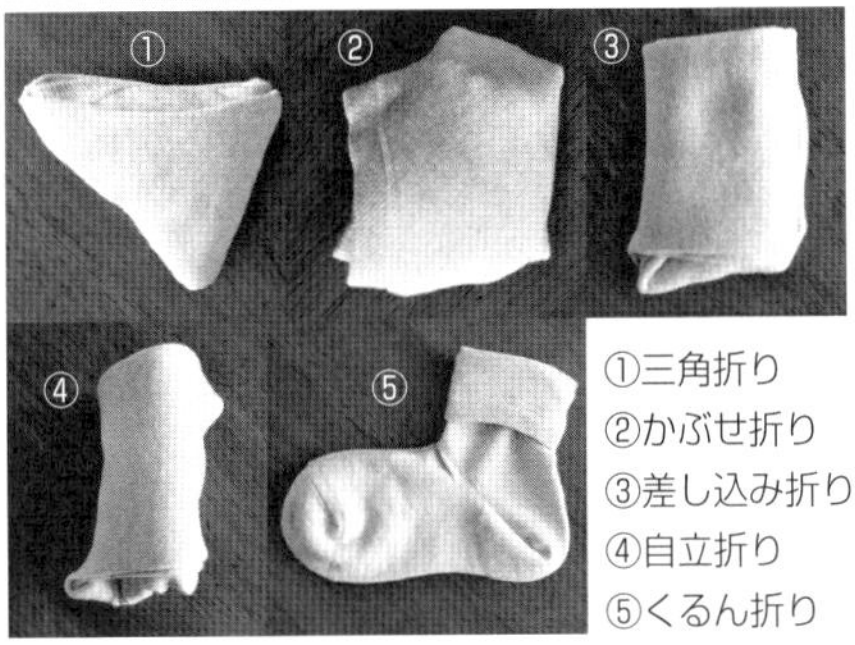

①三角折り
②かぶせ折り
③差し込み折り
④自立折り
⑤くるん折り

やろうと思っているのに、こう言われてやる気のなくなった経験はあるのではないかと思います。学生のころ、宿題をしようという気持ちはあるのに、「まだ宿題が出来てないよ」と言われて、「やろうと思ってたのに！」と親に対して腹が立った経験のある人もいらっしゃると思います。それとよく似ています。自分が言われていやなことを、相手に言うのは避けたいものです。

『結婚の謎』の著者であるウイリアム・グラッサー、カーリーン・グラッサー夫婦によると、夫婦関係に害を与える「7つの致命的習慣」は以下の通りとのことです。

①批判する　②責める　③文句を言う　④ガミガミ言う　⑤脅す　⑥罰する　⑦自分の思い通りにしようとしてほうびで釣る

いかがでしたでしょうか。7つの習慣はすべてにおいて有害ですが、中でも最初にあげた習慣、「批判する」ことが最も破壊的とのことです。ドキッとした方もいらっしゃるのではないでしょうか。育児・家事のシェアにおける話し合いや行動の中で、7つの習慣を決して使わないことを意識してみてください。

ちなみに、グラッサー夫妻による、「思いやりを示す7つの習慣」もご紹介しておきます。

①傾聴する　②支援する　③励ます　④尊敬する　⑤信頼する　⑥受容する　⑦意見の違いについては常に交渉する

この習慣は、他人、特に近い関係にある人たちと良い関わりを持つのに役立つとのことです。今後、お互いのキャリアについてどう考えるか、それに伴い、どこで暮らすかなど、夫婦にはさまざまな選択をしなければいけないことがあります。そんな時、「思いやりを示す7つの習慣」のいくつかを使ってみてはいかがでしょうか。結婚の成功は、思いやりを示す言葉を使っていかに上手に交渉するかにかかっているとのことです。

ワーキングマザーの家事についての悩み解決法

仕事と子育ての両立をしている方々からは、育児も大変だけれども、家事が大変！という声をよく聞きます。自分たちでがんばりすぎず、便利家電を活用する、家事代行サービスを活用する、など別の手段を検討してみてはいかがでしょうか（表3－4）。

ワーキングマザーの三種の神器

食器洗い乾燥機	朝、出勤時に朝食と夕食の洗いものを一緒にセットして出かければOK。殺菌効果もあります
ロボット掃除機	朝、出勤時にタイマーでセット。大まかにホコリを除去できます
ドラム式洗濯乾燥機	夜、寝る前にセットすれば、朝には乾燥まで出来上がっています

表3-4　ワーキングマザーの家事の悩み

悩　み	解決方法
料　理	
・夕食を作る時間がない ・子どもが寝てから、または朝早く、野菜を切るなど下ごしらえだけでもしておきたいが大変 ・週末に作り置きをしておくと便利なのはわかっているが、週末に家事に追われてしまうのはつらい ・仕事と子育てで精いっぱいで、献立を考える頭の余力が残っていない ・子どもの寝かしつけを優先したいので、洗い物が後回しになってしまう	〈自分で作る場合〉 ・便利家電の活用 ・カット済み野菜と調味料付きの料理セットを利用 〈自分で作らない場合〉 ・お惣菜の購入 ・料理代行サービスの利用 ・外食 〈食器の後片付け〉 ・食器洗い機の利用 ・家事代行スタッフに洗ってもらう
食事の買い物	
・週末にまとめ買いをしているが、途中で足りない食材が出てくる ・個別宅配を利用しているが、冷蔵庫に入れ替える作業がつらい	・個別宅配の活用 ・冷蔵庫に詰める作業は、子どもまたは家事代行スタッフにお願いする
掃　除	
・食べることが優先で、掃除は後回しになってしまう。ホコリが舞っているのが気になる ・週末に掃除機をかけるが、せっかくの週末が掃除でつぶれてしまうのは残念	〈便利家電の活用〉 ・お掃除ロボットの利用 ・スタンド式掃除機の利用 〈他人に任す〉 ・お掃除代行サービスの利用
洗　濯	
・乾燥機がなく、部屋干し。雨が続くと、部屋の中に干した洗濯物がいっぱい ・どうしてもお日様に当てて、衣類を乾燥させたい	・子どもと一緒に、乾いた洗濯物をかごに収納する ・家事代行スタッフに、洗う、干す、しまう、たたむ作業をやってもらう
収　納	
・リビングにおもちゃが散らかっていて、気になる ・子どもだけで家にいる時間が長いので、リビングに私物が散らかっている	・子どもが自分で片付けやすいように、工夫する（置き場所を決める） ・家事代行スタッフに片付けてもらう

※夫と家事を分担するという解決法は、この表からは割愛しています。

出典）マザーネット調べ

第4章

先輩ワーキングママ、パパの実体験からヒントを得る

第2章では、社員が抱える両立における課題として、「育児を優先することがキャリアに与える影響への不安」が挙げられていました。そこで本章では、育児とキャリアを両立させてきた、あるいは真っ最中の先輩ワーキングママとパパへのインタビュー調査を通じて、両立のためのヒントを探っていきます。

本章で紹介する村上さんと日高さんは、ご自身の両立とともに、後輩の女性たちのために、社内でその道を切り拓いてこられました。一方で小林さんは、通算5回、のべ1年間の育児休業を取得しながら、仕事と子育てを両立されておられます。

村上 早百合さん

「ありのままを受け止め、焦らず、選んだ道を信じて」

現在のお仕事について、教えてください。

30年以上新聞記者を続けてきて、数年前に管理的な立場となり編集現場を離れました。現在は、5市6町をカバーする姫路本社の代表として、編集、業務、営業の3部門を統括しています。金婚夫婦祝福式典などの主催事業を開催したり、経営幹部会など社内の会議に出席したりしています。新型コロナウイルスの感染拡大以降は急減しましたが、地元自治体や団体の委員会やイベントなどへの参加など対外的な活動も大切な仕事です。

仕事と子育てを両立して、どのようなピンチがあり、どう乗り越えられましたでしょうか。今振り返って、心に残っていることを教えてください。

娘が中学、高校時代には不登校状態だった時期がありました。このときが人生でいちばんつ

Profile　むらかみ さゆり

1961年生まれ。1984年神戸大学経済学部を卒業後、神戸新聞社に入社。社会部、但馬総局、経済部記者を経て、1997年3月から8年間論説委員。この間、神戸大学経済学研究科を修了。2004年3月から経済部デスク、2009年3月～2013年2月まで経済部長。2013年から2年間、神戸新聞地域総研副所長兼企画調査部長として子育て支援事業なども担当。2015年3月～2017年4月末まで論説副委員長。2017年5月～2019年2月まで東京支社長。2019年3月から執行役員姫路本社代表。1992年に長女を出産、1年間の育児休業を取得。長女は記者として大阪市内で勤務。現在は夫と二人暮らし。

らい時期でしたが、見守るしかありませんでした。仕事を辞めることも考えましたが、職場の上司や同僚の協力のおかげで仕事をペースダウンして何とか続けられました。後から振り返れば、仕事があったから思い詰めず、乗り越えられたと思います。

理解のあるカウンセラーに出会えたことや、私立の中高一貫校だったので先生方のサポートもあり、救われました。子育ては親だけでなくいろいろな人がかかわることが大切だと実感しました。娘は大学生になって親元を離れて1人暮らしを始めたのをきっかけに成長し、たくましくなりました。この辛い体験で、子どものありのままを受け止め、待つことの大切さを教えられました。

仕事と子育てを両立していて、良かったと感じたのはどんな時でしょうか。心に残っていることを教えてください。

中学のころは「お母さんみたいに働いてなにが楽しいの」などと反抗していた娘が、同じ仕事を選んだことでしょうか。教職課程を取得し、母校で教育実習をしたときに、「もっと社会を知らないと生徒たちに教えられない」と、急に記者を目指そうと思ったようです。大学院1年のときに、新聞社2社のインターンシップを受け、地方紙では震災関連の取材をする機会もあり、記者に魅力を感じたようです。ただ、母としてはうれしい反面、同じ苦労をしなくてもいいのに、とも思い、「大変だからやめた方がいい」と釘は刺しました。しかし娘がインターンシップで取材した記事が客観的に見てよかったので、自分がやりたいというのなら応援しようと思いました。

また、子育ての経験を仕事に生かせたこともよかったと思います。長らく新聞紙面は政治や事件や事故のニュースが主流でしたが、子どもがいたことで社会的な課題が見え、子育て関連の記事を執筆したり、事業として子育て支援に取り組んだりすることができました。

子育てで大切にしてきたことは、どんなことでしょう。

おいしい食事を作ることです。どんなに忙しくても、手作りにこだわりました。夜勤で家に帰るのが深夜になっても、翌日は早朝に起きて、必ずお弁当をつくりました。幼いころは毎晩、絵本の読み聞かせを続けました。自分で読めるようになってからは絵本や図鑑などいろいろな本を与えました。図書館もよく通いましたが、もともと私も夫も本好きだったので家には本が多く、自然に本に触れる機会をつくっていたことでしょうか。

男性社会と言われる業界の中で仕事を続けてきて、どのような壁があったでしょうか。

新聞業界の女性記者比率は、私が入社したころはわずか1%程度でした。男女雇用機会均等法が施行されたころから女性記者が増え、２０２０年の日本新聞協会の調査では女性記者比率は22・2％になりました。それでもまだまだ少なく、管理職となると、メディアの女性管理職比率は新聞・通信社が８・５％、民間放送は15・１％にとどまっています。

壁はいくつもありましたが、最大の壁は出産、育児でした。新聞記者は取材でいわゆる「夜討ち朝駆け」をすることも多く、夜勤や長時間労働が当たり前でした。そんな中で「早く帰ります」とは言いづらい雰囲気があり、保育所の迎えがあるので、後ろめたさを感じながら退社していました。差別的な発言や理不尽なことを言われ、悔しい思いもしました。

とくに阪神・淡路大震災のときには、先輩デスクや後輩の記者たちが不眠不休で被災地を取材する中、子どもが通う保育所が被災して預け先に困り、思うように働けず苦労しました。

一方で、危険な状況の中、子どもを預けて働くことへの罪悪感にも悩まされ、非常時には仕事と子育ての両立が困難なことを思い知りました。震災後、会社の配慮もあって、残業時間が比較的少ない論説委員室に30代という異例の若さで異動しました。

また、50代後半で初めて東京支社への転勤を命じられたときも、辞めることを考えたほど大きな転機でした。当時、論説副委員長でしたが、ずっと原稿を書き続けたいという思いがかなわなかったからです。しかし、ここで拒めば後輩女性の道を閉ざしてしまいかねないと悩み、結局、２年間、東京に単身赴任しました。結果的には、東京一極集中の弊害と文化的な厚みの素晴らしさ、他の地方紙の幹部との交流などを経験でき、視野を広げられました。

これまで、どのようにキャリアを築いてこられたのでしょうか。

決して志が高かったわけではなく、無我夢中で走り続けて気がついたら今があるという感じです。何度も辞めたいと思いながら、記者という仕事の面白さゆえに続けられたと思います。数少ない女性記者の中で年齢的に先頭を走っていたので、後に続く女性のために辞められないという気持ちも強かったです。認めてくれた上司や同僚、愚痴を言い合ったり相談に乗ってくれたりした社内外の女性たちの存在にも支えられました。

若いころは男性記者と同じように夜勤や長時間労働もこなしましたが、出産、育児後はそんな働き方ができなくなりました。働き方やニュースの価値判断が男性目線に偏っていることにあらためて気づかされ、生活者視点を意識するようになりました。そんな中、少子高齢化や人口減少が進み、かつてはニュース価値が低いと見られていた男女共同参画や育児、介護などが重要課題として社会的にも関心を集めるようになりました。子どもを持って初めて経験したベビーカーを押して歩道を歩けない、保育所に入れないといった問題が社会課題と一致し、紙面や講演などを通じて訴える意義を見い出すことができました。時代の変化がキャリアを後押ししてくれました。

仕事と子育てが両立できる社会になるために、企業は何をすればよいでしょうか。

今でも30代の子育て中に論説委員ではなく現場で記者として経験を積めていたらと思うことがあります。当時はそんな希望を主張できるような環境ではありませんでした。２０１７年に当時のトップや組織に女性のキャリア支援や長時間労働の見直しの必要性を訴え、女性の活躍推進や働き方を見直す社内組織「ワーク・ライフ・デザイン」委員会が立ち上がりました。委員会で社内アンケートをしたり同業他社の取り組みを調査したりして議論を重ね、２０１８年4月には宣言と行動方針をまとめました。当時の社長は、「ワーク・ライフ・デザイン」を最重要課題であり経営戦略として取り組むと明言しました。3年が経過した現在も進行中ですが、コロナ禍もあってやや停滞している印象があります。

企業としては、「トップのリーダーシップ」と「中間管理層の男性の意識改革」が大切です。以前、担当した連載で、作家の幸田真音さんが「多様な視点や価値観、発想を持つ組織ほど強い」と指摘していました。トップが多様性を経営戦略として認識し、言い続けることが重要だと思います。もちろん、働く女性の甘えの意識も変えていく必要があります。

具体的に取り組んだことはありますでしょうか。

目玉のひとつは、子育て中でもキャリアが積めるよう、行政担当に子育て中の女性と男性記者の「2人キャップ制」を試験的に導入したことです。行政キャップは重要ポストで、従来は子育てとの両立は難しいと考えられていました。しかし、例えば、子育て中の女性キャップが保育所の迎えで退社した後は男性キャップが業務をカバーするといった役割分担をして、チームでカバーする体制を取りました。

2人キャップを含めたチーム制で、3年ほど実施したと思いますが、課題を洗い出した上で今後も続けていければいいと思います。

仕事と子育てが両立できる社会になるために、国は何をすればよいでしょうか。

最大の課題は保育所の整備です。私自身、子どもを保育所に入れるのに大変苦労しましたが、あれからもう30年近くが経過するのに、いまだに待機児童問題は解決していません。保育士を確保し、子育て中の親が希望すれば全員が入れるようにしてほしいと思います。もう一つは働き方改革です。コロナ禍でリモートワークが急速に進み、在宅勤務やサテライトオフィス勤務も可能になりましたが、東京一極集中の解消のためにもさらに深化させてほしいと思います。この2つの問題は、国が政策として積極的に予算を確保して進めていくべきですが、子育て支援に対する国の予算が少なすぎることが問題です。

お子様が社会人になり、今の気持ちを教えてください。

入社して6年目となり、既に結婚もしました。入社したころは、忙しすぎて体を壊すのではないかと心配でしたが、今は仕事にも慣れ、楽しそうにやっているようです。連絡がくる頻度も減り、「便りがないのはよい便り」と思っています。ただ、この先、転勤や出産、育児などで同じ苦労をするのかと思うと胸が痛みます。ネット時代を迎え、新聞業界は変革期にありますが、もっと女性が働きやすい職場に変わっていってほしいと願っています。

後輩ワーキングマザーへのメッセージをお願いします。

振り返ると、仕事と子育てや介護に追われて綱渡りのような人生でした。とくに子育てや介護の最中にいるときは先のことが見えず、焦ったり落ち込んだりしたこともあります。でも、ありのままを受け止め、長い目でみて焦らず、選んだ道を信じて貫いてください。

今後の抱負（夢）がありましたら、教えてください。

年齢的に自分が何かをするというより、子育てと仕事の両立で苦労したので、働く女性、とくにワーキングマザーを応援できたらと思っています。そのために2019年に国家資格のキャリアコンサルタントを取得しました。コロナ禍で行き場を失っている親子が絵本を読める場所を姫路本社内に設置しますが、ささやかですがこういう事業を積み重ねたい。また、ネットに押されて新聞が若い世代に読まれなくなっており、少しでも新聞に興味をもってもらえるような取り組みも姫路市内の女子高校と連携して進めます。

プライベートでは、7年前に行ったザルツブルグ音楽祭が素晴らしかったので、もう一度、ヨーロッパへ音楽三昧の旅をしたいです。

〈お子様からのメッセージ〉

「家に一人で寂しくないの？」と、小さいころはよく聞かれました。でも、取材で出会った面白い人の話（たまに愚痴）をいきいきと語ったり、週末には勉強のために黙々と本を読んでいたり。仕事を通して社会とつながろうとする母の姿から、とてもよい影響を受けたと思っています。仕事を続けたい、家庭と両立させたいと願うすべての人が、それをかなえられる社会であってほしいです。

日高 乃里子さん

「女性活躍推進、ダイバーシティ推進は、トップの想いが重要」

Profile ひだか のりこ

1958年生まれ。薬剤師資格とキャリアカウンセラー資格を持つ。1992年に娘を出産。娘は独立し、現在は勤務医のパートナーと二人暮らし。

大学卒業後、製薬会社で学術、開発を担当。結婚を機に、大阪市内の調剤薬局に勤務。パートナーの転勤で退職し、転勤先で製薬会社に勤務。1989年に、帝人株式会社入社。管理薬剤師、MR教育研修トレーナー、学術担当などを経て、53歳でダイバーシティ推進室室長に就任。5年半の単身赴任も経験した。定年再雇用で、中高年のキャリア開発支援を担当。2020年3月末に帝人株式会社を退職し、4月より大阪大学男女協働推進センター准教授に就任。2021年からNPO法人日本BPW神戸クラブにも所属。

仕事と子育てを両立して、どのようなピンチがあり、どう乗り越えられましたでしょうか。今振り返って、心に残っていることを教えてください。

保育所時代は、7時半から20時まで延長可能な公立の保育所に通わせました。看護師常在、調理室ありの恵まれた環境で過ごすことができました。誰しも最初から「親」であるわけではありません。どんな育児書より、保育士さん、看護師さんの現場で我が子を一緒に育ててくれている実践の保育指導が役立ちました。極度の食物アレルギーがあり、痒くて、髪はすべて自分で抜き、身体中に湿疹があり、定期健診ではジロジロ見られ、ウイルス性腸炎で入院しているのに、湿疹で入院していると思われるほどの状態でした。毎日シーツに掃除機をかけ、除去食を作り、綿製の長ズボンを手縫いしていました。これが一人ぼっちの密室育児なら、うつ状態になったと思います。毎日、看護師さんが頭に張り付いたかさぶたをオイルではがしてくれて、いろんな指導を受けました。なにより、この大変さを共有してくれた保育者がいたことで、乗り越えることができたと思います。

こんな恵まれた保育所生活から一転、小学校に入ると18時には学童に迎えに行かなければならなくなりました。当時、会社に時短の制度はなく、会社を辞めることも考えましたが、「辞めよう！」と決心すると、出勤中も涙が流れます。どうにもならなくなり、自分の両親との同居を始めました。

仕事面では、なかなか自分が１００％の力を出し切れていないと悩み、上司に打ち明けました。上司は「仕事は自己満足のためにやっているのではない。自分が１００％と感じていなくても、周りが100%やってくれていると思えば、パフォーマンスが出ていれば、それでいい」と言ってくれて、肩の荷が下りました。

仕事と子育てを両立していて、良かったと感じたのはどんな時でしょうか。心に残っていることを教えてください。

客観的に子どもを見られたことです。また、ロールモデルを会社の後輩や部下のご両親に置き、働いていたお母さんのことを根ほり葉ほり質問し、その時に本人がどう思っていたかを聞いて、安心していました。

子育てで大切にしてきたことは、どんなことでしょう。

なるべく長い時間、一緒にいることです。どこへでも一緒に出かけるようにしました。自分じゃないとできないことを優先し、それ以外はアウトソースしました。新しい家電はすぐに購入していました。高校生になるくらいまでは、毎日、一緒にお風呂に入り、その日あったお互いのことを話す時間にしていました。

また、勤務医の夫は忙しく、家事労働は期待できないので、子育てに引き込むように心がけました。ピアノやギターなどの音楽の面倒を見たり、スキーを教えるなど、仲のよい父娘で、娘がイタリアに留学していたときに、スペインに出張に行った夫と二人で旅行していました。

お子様が学校や就職先を選ぶ際、何かアドバイスをされたことはありますでしょうか。

自分が社会人であることで、情報ソースが多かったと思います。中学受験では、娘に合う学校を徹底的に調べました。大学受験については、「将来、何をしたいか」「どうやって生きていきたいのか」――この問いを中学時代からよく続けました。本人は、父母とは違う道を希望しました。絞り込んだ大学のオープンキャンパスに一緒に出かけました。最後は本人の努力のみです。大学院に進学すること、一年間留学することにも理解を示せたのも自分が社会人として〝今〟を生きていたからだと思います。就職に関しては、行きたい企業に勤務する人を紹介したり、エントリーシートをしっかりチェックしたりしました。

お子様が社会人になり、今の気持ちを教えてください。

娘が先日、0歳から6年間同じ保育所で過ごした同級生3人と20年ぶりに会いました。そこでの会話を教えてくれました。

「母は、0歳から保育所に預けて、寂しい思いをさせたというけれど、私たちは覚えていない」

「会社で、私は結婚しても子どもを産んでも働く！　と宣言する人がいるけどあたり前だと思うこと」「すでに、親が自分たちを生んだ年齢を追い越したり、近づいたりしている。未熟な自分たちに比べて、あの時代に子どもを預けても働き続けることを選んだ母親たちに、今日家に帰ったら、感謝の気持ちを伝えよう」と約束したとのこと。ちゃんと伝わっていたんだ、と思いました。

勤務されていた帝人株式会社は、非常に早い時期からダイバーシティ推進に取り組まれました。その経緯についてお教えください。

帝人株式会社が、ダイバーシティ推進の専任部署を置いたのは、2000年のことです。国内でも早い時期での取り組みであり、これはひとえに、経営トップの想いの強さだったと思います。当時、帝人は本格的なグローバル展開に挑戦しており、そのためには「女性の活躍」が不可欠だと考え、トップダウンで始まりました。

その前年には、委員会組織が出来ました。当時、小1の娘がいて、医薬品事業で働いていた私にも委員会に入るように連絡があり、参加させていただきました。

「女性活躍委員会」という名称の委員会でしたが、構成員は男性が半分で各事業を代表する管理職の方々でした。議論は平行線をたどることが多かったですが、トップダウンが効いているので、前向きな結論が導き出せました。そして、後々その方々のほとんどは、役員に昇進されたので、当時の経営トップ退任後も、その影響力は持続しました。「女性の活躍」のために、各企業で組織化されると、女性のことだからと女性だけのチームが作られがちですが、影響力のある男性管理職を入れて構成することにも意味があると思います。

帝人の取り組みの特徴としては、数値目標を持ったことにあります。女性採用率や女性管理職比率、女性活躍推進法以降は、どの企業も目標値を定めていますが、当時は数値目標を掲げ公表することについては、社内外から批判があったようです。それに向けて、制度改革、風土改革に加え、女性自身への教育も柱にしていました。前述の委員会も最初は、「(仮称)女性いきいき委員会」と名付けられていましたが、第一回の委員会には「女性活躍委員会」とされており、当時のCEOの「いきいき」しているだけではなく「活躍」してほしいという思いが込められていました。仕事と育児の両立のために何が必要かと考えたときに、ベビーシッターサービスを利用しやすい状態にしようと早い段階で「マザーネット」さんとも契約をしました。

ダイバーシティ推進の責任者になられたのが2012年とのことですが、そのきっかけと取り組まれたことをお教えください。

入社(途中入社)以来、初期キャリアの「医薬品」に関わる業務をしていましたが、50歳を越えて、定年までの間、新しいことにチャレンジしたいと思い、社内公募で手を上げました。

一人娘が大学入学とともに一人暮らしを始め、思いっきり仕事ができる環境にもありました。

人事部門において、事業出身の女性管理職は異質でしたし、それまでは営業部門に長く在籍していたので、稼がない部署で長期の目標を追うことに、なかなか慣れませんでした。私はダイバーシティ推進責任者としては3代目に当たり、女性活躍推進という視点では、社外からはすでにトップランナーとして見られていました。優秀な前任者によって築かれた制度や研修に新しく加えるものなど見つけられるわけがありません。加えて社内では、マイノリティからもあまり好意的に見られていない部署でもあることを体感しました。注目度をあげ、経営に影響を与える部署にするためにどうするのかを考えました。第三者の評価を利用し、成果を見える化することが重要であると思い、ダイバーシティ経営企業１００選や、なでしこ銘柄への選出につなげていきました。ちょうどダイバーシティという言葉が流行語になっていたこともあり、社内外での知名度が上がってきたと思います。社外価値を上げるためには「ダイバーシティ推進」が重要なことであることを、広報やＩＲの部署が、腹落ちしてくれたことも大きな力になりました。また、ダイバーシティの名の通り、外国籍社員への対応や女性営業職へのキャリア支援に力を入れてきた時期でもあります。振り返ると女性活躍推進、ダイバーシティ推進は、トップの想いが重要であり、制度を作ったから終了という簡単なものではなく、ロングジャーニーであることを見据えて取り組むべきことであると思います。安倍政権のころ女性活躍推進法が施行され、各領域で盛り上がった「女性活躍推進」も、このところその情熱も冷めてしまった企業やそのトップの姿を目にすることも多いのが残念です。

これから、どのような社会が求められるでしょうか。

なぜ、人材の多様化が必要なのかという原点に立ち返り考えてほしいと思います。コロナ禍において、各企業においては在宅勤務も進み、働き方の見直しや人事評価軸もどんどん変化しています。今だからこそ、公正な評価のもと時間的制約のある社員が活躍できる社会になればと願ってやみません。

入社3年目の娘が、研修の課題で自分の上司たちから、コメントをもらうということがありました。そのコメントを見せてもらいましたが「早くこの組織のリーダーになってほしい」「将来的にはこの部門のトップになることを期待している」とあり、娘に対する個人的な期待を超えて、社会は変わってきているんだと実感しました。

私自身は、帝人を退職し、大学で教員として、大学構成員を対象とした、ダイバーシティ推進に取り組んでいます。またNPO活動も始め、ダイバーシティ、ジェンダー平等が、ライフワークになりつつあります。一人ひとりが自分らしくそして自分が思い描くキャリアを実現できる社会になればと願っています。

小林 正人さん

「〝ワンオペ〟お断り。4人の子育てをあきらめない」

Profile　こばやし まさと
1979年兵庫県三田市生まれ。大阪大学文学部を卒業後、2003年ダイキン工業入社。空調営業本部にて法人営業、企画を経て、2009年より事業戦略室管理企画グループ。国内営業部門の予算編成と実績管理を担当。小6の長男、小3の長女、今年4歳の次女、1歳の三女、他社で機械系エンジニアとして働く妻と6人暮らし。これまで通算5回、のべ1年間の育児休暇※を取得。
滋賀県守山市在住。
※育児休暇は有休を含めた広義

お子様4人を育てる中で、環境の変化を感じられますか。

一人目が産まれて12年、外では、「お父さんとお子さん」の組み合わせが増えました。公園、ショッピング、交通機関、保育所の送り、そして〝関門〟の迎え…と広がりました。先日、小児科で出会った保護者は、全員男性でした。

一方で、共働きでももっぱら女性が家のことを背負う、いわゆる〝ワンオペ〟状態の家庭も依然多いと感じます。

これまで育児休業を取った経緯を教えてください。

最初は、長女（二人目）の出産時に、妻の産後休暇の8週間と重ねて取得しました〈1回目〉。妻が体力を回復するまでの間、保育所に通う長男の生活環境を変えず、実家に極端な負担をかけず、家族が安心して過ごす手段としました。また、当時は、女性が結婚を機に退職するケースが珍しくありませんでした。男性が生き方を変えないと、女性が活躍する機会を奪い続けるとの思いは、現在も変わりません。

その後、次女と三女の出産時も、同様に8週間ずつ取得しました〈2回目、4回目〉。次女は保育所が決まらず、待機児童となった半年間、妻と育休を交替しました〈3回目〉。

三女が1歳になる直前、妻の職場復帰に伴い、保育所の慣らし保育が終わるまでの1カ月間、育休を取得して対応しました〈5回目〉。これでも、育休は通算1年程度です。産休を含めて丸4年も会社を休んで、家のことに集中してくれた妻に、感謝しています。

実際に取得してみて、感じたことを教えてください。

家事を丸ごと引き受けながら育児も担うのは、大変でした。それでも授乳が無い分、女性より楽だと思います。共働きか否かにかかわらず、パートナーの家事・育児参加度が低い家庭は、どう乗り切っているのでしょうか。

また、毎日三食栄養バランスの取れた食事をして、睡眠時間も確保し、心身ともに健康になりました。健康管理の大切さを実感し、職場復帰後は、自分と家族の体調が今どうか、これからどうなりそうか、自然と気にしています。

２０２０年の一斉休校・保育所閉鎖の際は、妻が出産直後で動けない中、私が育休中でした。朝から晩まで4人の子どもと賑やかな中で過ごし、ひたすら家事を回すという、育休の総仕上げテストのようでした。

育児休業を取って良かったことは、どんなことでしょうか。

時間と体力を家事・育児に集中することで、家族の穏やかな生活サイクルを維持できました。最初の取得時、当時3歳の長男のことはよく覚えています。育休前も休日は一日一緒で、保育所迎えの日も関わりは持っていたつもりですが、じっくりと向き合えていなかった。落ち着いて話を聞くと、保育所のこと、嬉しかったこと、イヤだったこと、いろいろと話してくれました。私が幼い頃の失敗談を話すと、安心するのか、嬉しそうな顔をしました。失敗のストックが豊富で良かったです。

自身の経験から、父親の育休が求められる代表的なケースは、（1）祖父母と別居（里帰りもしない）（2）年上のきょうだいがいる　（3）妻が復職する　このような場合と思います。

母親が産後、体力が回復する前に、上の子を看ながら赤ちゃんの相手も家事もするのは、極めて困難です。例えばオムツが足りない等で、ちょっと買い物に出掛けるだけでも一大事です。たとえ里帰りをしても、祖父母に掛かる負担が大きく、父親の育休が生きる時だと思います。

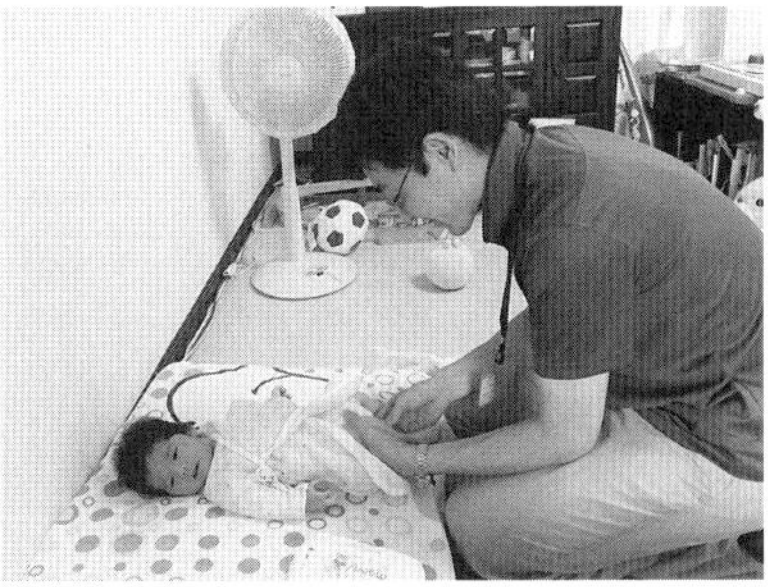

慣れた手つきでおむつ替えをする小林さん

その後、4回の育児休業を取得されました。1回目の時から心境の変化など、ありましたでしょうか。

いずれも、会社の仕事に心残りはありながら、いざ取得すると家事・育児に集中したので、特に心境の変化はありません。一方で、周囲に育休取得を伝えて絶句されることは、もう無くなりました。

仕事と子育ての両立で、大変だったことはありますでしょうか。

日常的に周囲が残業をする職場で、月半分の保育所の迎え担当日に定時（以前）に帰ることです。保育園の迎えに追われる人は、近い世代は人数が少ないためか、当時は女性も含めてほぼ居ませんでした。肩身が狭く、仕事の遅れが悔しかったです。一時期、もう一人迎えを担当する男性が居た時は、同志を得た心強さがありました。

そして、時間と体力の勝負です。毎日保育所準備のため早起きし、残業できる日は、遅れた仕事を少しでも穴埋めして、夜遅くに帰宅する。スケジュール調整は、職場の理解が不可欠で、感謝しています。それでも一時期は、業務を回しきれず、県外の両実家の祖母に週交代で助けに来てもらうなど、負担を掛けました。自分の子を保育所へ迎えに行き、帰宅後の世話をするという、親としての育児責任の放棄に心が苛まれました。妻は忙しい時期、出勤時に当時2歳の長男から、「お母さん、また来てね」と言われたことを、今も覚えています。休日は、一日子どもを看ながら家事を回し、時には夜泣きが続いたり、イヤイヤ期が小学生まで続いたり…と先の見えない日々に気が遠くなりました。お子さんの年齢が一回りほど上の、数少ない女性の先輩社員が、神様に見えました。

長男の小学校入学直後は、「小1の壁」とも言われる難しい時期。私は短時間勤務を申請して、環境変化に一緒に向き合いました。じっくり話を聞き、「学校の宿題をする、翌日の準備をする」

という習慣形成を見守りました。長男は小学1年生の間に、鉛筆を計3ダース分も紛失するなど、親が驚くマイペースです。ちょうど新しい仕事の引継ぎも重なり、担当業務を回せず、妻に謝って2カ月間で短時間勤務を挫折したのは苦い思い出です。このように上手くいかないこともありましたが、親として家のことに関わる毎日をあきらめず、働き方を模索しています。

ご夫婦でどのように家事・育児分担をされていますか。

〈我が家の基本方針〉

①夫婦間の公平性は、日々あらゆる活動の基本。「お互いが公平な状態だから、パートナーを信頼して苦しい時も頑張れる。喜びも分かち合える」

②妊娠・出産・授乳を除けば、夫婦の役割は原則同じ。後はお互いが納得するまで話し合う

〈夫婦間の保育所送迎ルール〉

①1カ月単位で、保育所の迎えが夫婦で同じ日数となるよう、シフトを組む

②自分のノルマをこなせない時には、相手に穴埋めを頼らず、自分で代わってくれる人を手配する（マザーネット、ファミリーサポート、実家の祖母など）

③保育所に迎えに行った方が、翌日の保育所の準備をする

（自分が残業で疲れて帰宅した日に、助かります！）

小林家の家事・育児分担表（2021年5月現在）

		夫	妻	長男（小6）	長女（小3）	次女（3歳）	三女（1歳）
平日	5:45	起床 洗濯物干し・ 前日の分を片づけ 自分の弁当作り	起床 自分の弁当作り 朝食作り 身支度		起床 ごろごろ 朝食作り		
平日	6:30	朝食	朝食		朝食	起床・朝食	
平日	7:00	身支度		起床・ごろごろ 洗い物	お風呂洗い		
平日	7:15	出社する方は家を出る 在宅勤務の方は次女三女の身支度		朝食作り→朝食	身支度	身支度	
平日				身支度	ごろごろ		
平日	7:40			出発			
平日	7:50		在宅勤務の場合は 次女三女と出発			出発	
平日	8:00		次女三女と登園	登校		登園	
平日	8:20	在宅勤務の場合は 次女三女と出発	出社または帰宅				
平日	8:40	出社または帰宅	始業				
平日	9:00	始業					
平日	~16:00			帰宅 友達と遊ぶ・ 図書館など	帰宅・宿題 珠算塾、または 友達と遊ぶ		
平日	17:00			帰宅・宿題	空手（金曜のみ）		
平日	17:30	在宅勤務の方は終業		ごろごろ ネットスーパー 受け取り・収納	ごろごろ		
平日	18:00	在宅勤務の方は保育園到着					
平日	18:20	帰宅		長女の空手の迎え （金曜のみ）	ごろごろ	帰宅	
平日	18:30	配布物、宿題確認 持ち物など フォロー	三女授乳 保育園の荷物準備 確認	夕食仕上げ・盛り付け 週1回はゼロから家族 全員の夕食作り	ごろごろ	保育園の荷物 準備（次女 三女の分）	授乳
平日	19:00	夕食					
平日	19:30	出社した方も、早ければ （必要な買い物をして）帰宅→夕食		入浴	ごろごろ		
平日	20:00			ごろごろ	入浴		
平日	20:30	次女三女をお風呂に入れる		三女の衣類着脱・お風呂まで送迎 三女のミルクを作る		入浴	
平日	21:15	次女三女をお風呂に入れなかった方が入浴 次女三女歯磨きなど、就寝準備		洗い物 ごろごろ	ごろごろ →就寝	三女にミルク を飲ませる	ミルク
平日	22:00	朝仕上がるように 洗濯機をセットする	次女寝かしつけ 三女授乳→就寝	就寝 週1回は洗濯機セット ～翌朝洗濯物干し・収 納まで		就寝	
平日	23:00	就寝					

		夫	妻	長男（小6）	長女（小3）
休日	午前	洗濯（複数回） その他ワンオペ	（睡眠）	（睡眠）	お風呂洗い ごろごろ
休日	午後	子どもの相手 水回り掃除	平日の夕食作り置き	書道教室・将棋教室 洗い物・洗濯（土曜夜～日曜朝のみ）	臨時で珠算塾 気が向いたら食事作り
休日		食事の準備、その他掃除・大物洗濯		きょうだい・友達と遊ぶ、ごろごろ 給食用エプロンのアイロンかけ（当番の週）	
随時		学校・保育園・習い事・予防接種など あらゆる スケジューリングと 書類書き	ネットスーパー等 発注		
随時			工作・裁縫（家具・家電・衣類）		
随時		なくなったものを詰め替え・入れ替え、買い物メモに書く、その日いるものを買いに行く			

〈家事・育児分担〉

右表のとおりです。「夫婦でどちらもやる」という共通部分を決めた上で、残りは適性に合わせて担当しています。

在宅勤務の日は、通勤時間が無い分、保育所の迎え時間が強制的に早くなります。朝の送り時間は、出勤するパートナーは先に家を出るので、30分程度しか時間は捻出できません。

私が、休日午前にワンオペとあるのは、妻が疲れて寝ているからです（結婚当初から変わらないスタイルです）。

仕事と家事・育児を両立していて、よかったと感じるのはどんな時でしょうか。

一つには、子どもたちの成長を見守る喜びです。同じように育てても、違った成長の姿を見せてくれます。長男は小さい時に鉄道マニアで、一緒に電車を楽しみました。本を買って一緒に全国の電車を調べ、日本地図を眺め、旅行に行き…と世界は広がり、想い出も増えました。長女はそろばん塾に通い、私はマネージャーのように、日々の宿題の採点や大会の付き添いをしてきました。

もう一つは、夫婦が同じ目標に向かって協力する喜びです。経験を共有することで、日々の会話が充実し、相手への感謝と、親として共に成長する楽しさがあります。妻とは顔を合わせると、ずっと話をしています。
それから、嫌なことを引きずりやすい性格や、人よりも時間を掛けて物事を進めるスタイルは、仕事と家事・育児が次々と迫る中、強制的に変わったと思います。地域活動も含めて、複数の世界を生きることで、気持ちを切り替える術、「まあこんなこともあるわな」「そういう考えもあるわな」と受け入れ、適度に流す術が身につきました。

お子様たちへの思いをお聞かせください。

明るく健やかに育っており、有難く感じています。156ページの表のとおり、長男・長女は家事を担当し、今や貴重な戦力です。
長男は主に食器洗いを、長女はお風呂掃除を担当しています。自分たちの朝食は自分で作って小学校へ行きますし、お弁当が必要な時は自分で作ります。上の子どもが家事・育児を〝する側〟に一部入ると、家族のチーム力が大きく変わります。いずれは自立して、辿り着いた場所で自分の人生を存分に味わって欲しいです。

パートナーの方への思いをお聞かせください。

身体に気をつけながら、これからも仕事で活躍して欲しいです。妻が職場で評価されることで、自分の家事・育児が報われる気持ちです。スーパーウーマンでもない、マミートラックでもない、しなやかな働き方を目指して欲しいです。子どもたちが大きくなってからも、長い付き合いが続くことを信じ、これからもよろしくお願いします。

後輩ワーキングパパへのメッセージをお願いいたします。

上司や先輩の働き方を見て気持ちが引いてしまい、家事・育児を担うことに戸惑いがあるかもしれません。迷ったときは、パートナーとお子様の笑顔を思い出し、何を優先すべきか考えて行動してください。仕事や職場のメンバーは移り替わりますが、家族との生活は続きます。パートナーとは老後も連れ添います。自分と職場の男性同僚を比較せず、パートナーの方と比較して、家事・育児を当事者として実践いただきたいです。「理解と協力」（お手伝いレベル）で男性が許された時代は、もう終わったと思います。さまざまな共働き世帯の事例を増やしましょう。私は、結婚当初は炊飯器でご飯が炊けない有り様で、妻からひとつずつ教わりました（教えるのは、とても疲れたそうです）。スタート地点の家事レベルの低さは、男性が家のことをしない理由になりません。

また、子どもがきっかけの地域活動も、仕事とは異なる人との繋がりが楽しいです。いまだに母親が多いかもしれませんが、発見が多く、行ってみる価値ありです。過去に、保育所保護者会の副会長を、今年度は、子ども会役員と小学校ＰＴＡ地域担当（登校班編成など）を担当しています。

仕事と子育ての両立がしやすい世の中になるために、企業として、どのようなことに取り組むべきだと思いますか。

家事・育児と仕事の両立を目指す社員が、〝男女を問わず〟職場の働き方に幻滅して、意欲・向上心を失わないよう、心を配っていただきたいです。家庭で自分役割を果たすことに価値の重みを置く方が増えています。男性新入社員向けの調査で、約８割が育休取得を希望というデータもありますが（日本生産性本部　２０１７年）、実際にまとまった期間を休む方は、いまだ一握り。このギャップが起きている現場に、企業として目を向けて欲しいです。

「男性が家事・育児に責任を持つのは、大人として普通のこと」と、早いうちに気付く機会が大切です。すぐ傍にモデルが実在するかどうか。スローガンだけで実例が見当たらない場合、〝周囲から浮かなさそう〟なモデル、昔からの「性別役割分担意識」に容易に陥るので危険です。

企業は、両立支援制度の拡充、女性社員向け研修、トップメッセージなど打ち出しても、まだまだ多くの男性には、自分事として響いていないと思います。真のダイバーシティ推進企業は、保育所の迎え時間に追われるのが、管理職も含めてほぼ女性という状況に、〝不公平、おかしい〟と思う感覚、発言しやすい雰囲気を備えて欲しい。保育所の迎えを夫婦で分担すれば、二人ともフルタイムで柔軟に働ける。夫婦間のパートナーシップは、働く意欲を左右します。「家のことで私ばかり苦しい」は、本人にも職場にもNGです。

共働き・介護に関わる世帯が増える中、定時内で結果を出すことを当然とする、組織風土づくりも重要だと思います。男性は、家のことを女性に押し付けている間は、残業ありきの働き方のまま、変革を迫られません。おそらく、会社で周囲の働き方に合わせて変わらない方が、その瞬間は楽だからです。しかし、夫がいつも夜遅く帰ることで、妻に負担が偏り、家族間に少しずつ亀裂が入り、家庭生活から仕事へも悪影響が出るかもしれません。

仕事と子育ての両立がしやすい世の中になるために、国として、どのようなことに取り組むべきだと思いますか。

多様性を認める政策を、より明確にしていただきたいです。保育所の待機児童がいまだに多い。私も仕事を失うことを恐れました。義務教育の小学校では考えられない異常事態です。保育士の待遇が改善しない、人が集まらないということは、結局は予算が向けられていない。背景には、「子どもは女性が家で育てれば良い」という、差別意識を疑います。また日本では、世界で普及している選択的夫婦別姓制度もありません。選択肢を増やすだけなのに、価値観が異なる方の希望を受け入れず、今起きている悩み・悲しみを自分の価値観のみで切り捨てる怖さを感じます。世論も支持が高まっており、注目しています。

最後に、今後の抱負について、教えてください。

「仕事」「家事・育児」「地域活動」「趣味」等を混ぜ合わせて、思い掛けない相乗効果が生まれるような、柔軟で豊かな人生でありたいです。家庭では、スポーツのチーム競技のように、夫婦が同じ方向を向き、子どもと助け合い、成長する醍醐味を味わいたいと思います。実際は周囲を巻き込んでの総力戦です。繋がりができるのもまた楽しい。周囲に感謝を忘れずにいたいと思います。

第 5 章

先進企業の両立支援策に学ぶ

本章では、企業における仕事と子育ての両立支援策の先進事例である3社の具体的取り組みを紹介したいと思います。

ダイキン工業株式会社

「人を基軸におく経営」をベースとして

大手空調メーカーであるダイキン工業。私が入社した1984年ごろは、主力商品が業務用の機械だったこともあり、女性の意見が反映されるような職場の風土はまだありませんでした。

私が退職した2001年から20年が経過。今では、女性活躍先進企業として注目されています。その秘訣を探ってみました。

会社名	ダイキン工業株式会社
本　社	大阪市北区中崎西2－4－12 梅田センタービル
代表者	代表取締役社長 兼 CEO　十河　政則
設立年月日	1934年2月11日
資本金	850億円
売上高	2兆4,934億円（連結）
従業員数	84,870名（連結：2021年3月31日現在）
主な事業内容	空調事業、化学事業、油機・特機・電子システム事業
受賞歴	なでしこ銘柄7年連続8回目の選定 （経済産業省・東京証券取引所） 新・ダイバーシティ経営企業100選 2016年（経済産業省） 「共働き子育てしやすい企業」第3位 特別奨励賞　2016年（日経DUAL）他

■ダイバーシティの考え方

ダイキン工業のダイバーシティの原点は「人を基軸におく経営」にあると言います。「人を基軸におく経営」というのは、創業以来、長年の企業活動の中で脈々と培われてきた暗黙知、あるいは企業文化といえるもので、社是やグループ経営理念、グループ年頭方針等、ダイキングループにあるすべての理念の根底に流れるものです。

「人を基軸におく経営」の考え方をもう少し言うと、

・「一人ひとりの成長の総和が企業の発展の基盤」

・企業の競争力の源泉は、そこで働く「人」の力。技術力・企画力・販売力・製造力・現場力・成長力等、それらすべての「力」はそこに携わる「人」の力といえる。

・背景には「人は無限の可能性を秘めたかけがえのない存在であり、一人ひとりの成長があって初めて企業は発展する」という信念がある。

・「人を基軸におく経営」の根本は「人の持つ無限の可能性を信じる」こと。

同社におけるダイバーシティ・マネジメントとは、

①個々人の持てるタレント=才能は、誰一人として同じものはない。

②年齢・性別・国籍・障がいの有無にかかわらず、一人ひとりが独自の「強み」を最低一つは

持っている。
③企業は、その個々人の持つさまざまな才能をうまく組織し、いかに総合力とするかが勝負。
④そのためには、組織の中で一人ひとりが違いを認め合い、協調し、持てる力を結集することが何よりも重要。

なぜダイバーシティ・マネジメントに取り組むのかというと、それは「同質のチームよりも異質なメンバーから成るチームの方がイノベーションが生まれやすい」という考え方に基づいています。トップが例として挙げるのは、「同じ色の絵の具を混ぜても同じ色しか出ないが、さまざまな色の絵の具を混ぜると、時として驚くほどきれいな色彩が現れることがある」、すなわち、さまざまな発想や考え方、価値観を付き合わせることで新たなものが生み出せるということです。

■ 2011年、取り組みスタート

ダイキン工業が全社挙げて本格的に取り組みを開始したのは、2011年。1月の新年式典にて全従業員の前で、井上会長が、「これからは女性の活躍を本気で進める」と明言され、それまで地道に女性活躍推進に取り組んできた池田久美子さん（女性活躍推進担当部長）は、突

女性社員の現状

人員構成（2021年3月時点）

	男性	女性	合計
社員数	7,288 名	1,490 名（17.0%）	8,778 名
（うち管理職数）	1,110 名	71名（6.0%）	1,181 名
平均年齢	42.4 歳	35.2 歳	41.4 歳
平均勤続年数	16.7 年	10.8 年	15.7 年

女性の内訳（2021.3E）

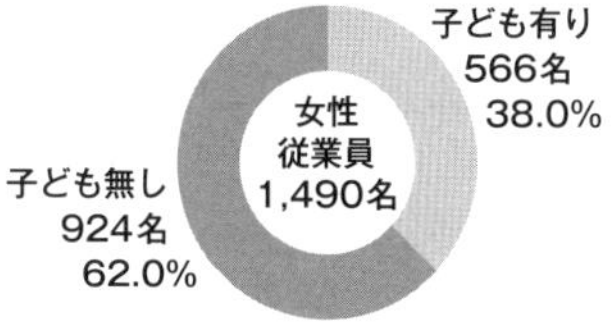

	1992 年度	2020 年度
子どもを持つ女性社員数	57名/863名（6.6%）	566名/1,490名（38.0%）
女性平均年齢	26.7 歳	35.2 歳
女性勤続年数	4.9 年	10.8 年

女性活躍推進の取り組み～全体像

	1986～2010 年の取り組み	2011 年～ 経営トップ直轄 女性活動推進 PJ 発足 会社挙げての本格展開
意識改革策 女性管理職の育成	**女性活躍の場の拡大** ■1986 年 総合職・一般職制度の導入 ■2001 年 **総合職・一般職区分廃止** ■2001 年～ ポジティブアクションの立案、実行	**男女関係なく能力を発揮できる風土へ** ■2012 年～**女性リーダー育成研修** 若手女性キャリアデザイン研修、 男性管理職向け講演会の実施 ■2015 年～**メンター制度、スポンサー制度の実施** **部門別「女性フィーダーポジション」の設置** ■2016 年～ダイバーシティに関する**トップメッセージ発信** 大阪大学、医薬基盤・健康・栄養研究所と連携 女性社員を育成するための**マネジメント研修**の実施
両立支援	**就業継続支援に力点** ■1992 年 **育児休暇・育児勤務制度導入** ■2003 年 マザーネットとの法人契約 ■2007 年 **育児支援カフェテリアプラン導入**	**出産・育児をキャリアブレーキにしないための施策** ■2012 年～育児休暇復帰者セミナー実施 ■2012 年 **育児休暇からの早期復帰者支援**をスタート ■2013 年～**「保活コンシェルジュサービス」**開始 ■2016 年 **在宅勤務制度導入** **男性社員の育児休暇取得**の推進 ■2020 年 企業主導型保育所マッチングサービス導入

	2001 年	2007 年	2011 年 10 月	2021 年 3 月	2025 年度末 目標
女性管理職	2名（0.2%）	10名（1.0%）	20名（2.1%）	71名（6.0%）	120 名
女性社員	627名(8.6%)	699名(10.0%)	982名（12.6%）	1,490名（17.0%）	

然のことにびっくりとしたと言います。翌日、池田部長を含む女性6名が井上会長に呼ばれ、会長直下の「女性活躍推進プロジェクト」が発足。トップ直轄で女性活躍推進の取り組みがスタートしました。

当時、女性管理職比率は世の中の製造業平均を下回り、候補者層も十分に育っておらず、「男女関係なく能力を発揮できる風土」はまだ道半ばでした。女性管理職の早期育成・登用をはじめ、女性活躍推進の取り組みを従来以上に加速させることが急務であり、会社の重要施策の一つと位置づけ、取り組みを開始したのです。

取り組みの目的は、①さらなる成長に向けた「質的人材の確保」と②多様性のある組織で多様な顧客に対応し、独創性ある発想やイノベーションを生み出す、の2点。

取り組み体制は、最初はプロジェクトで推進しましたが、2015年10月には、専任組織である「ダイバーシティ推進グループ」を人事本部内に設置。制度の立案や施策の実行にとどまらず、取り組みを通じて、女性の能力を最大限生かせる職場風土をつくっていく役割を担いました。

専任組織新設と同時に、各部門に女性活躍推進リーダー（管理職）を発令。部門長を責任者として、それぞれの状況・課題に即した取り組みを部門毎に立案・展開しています。

具体的な取り組み方針は、以下の3点です。

①意欲・能力ある人材には、男性同様に修羅場を与え育てるとともに、競争社会で勝ち抜いていく覚悟を求める。そのために、管理職・女性双方の意識改革を行うとともに、女性社員の母数も増やしていく。

②十分に育った人材を男女公平な目で見て管理職・役員に登用していく。女性管理職比率の数値目標を設定して着実な登用を目指すが、数字合わせの女性優遇の登用は行わない。

③「男女の違いは出産のみ」と捉え、出産・育児を乗り越えるための施策を思い切って打ち出す。特に、キャリアブランクを最小にしながら仕事に打ち込み、会社に貢献し成長を求め続ける人を最大限支援する。併せて、男性の育児休暇取得・育児参画を促し、性別にかかわらず仕事と家庭を両立できる風土醸成を行う。

2011年当時、プロジェクトで、役員・管理職・女性にヒアリングを行い、女性活躍を推進するにあたっての現状の課題をまとめました。課題は、「管理職のマネジメントに関する課題」と「女性自身の意識の課題」、大きく2つあると捉えました。

(1)管理職のマネジメントに関する課題

・性別による固定的役割分担意識、自身の体験・価値観からの思い込み(*)、女性に対す

る遠慮・苦手意識から、女性への期待や長期的な視点で育成しようという意識が希薄
・多忙な職場実態のなかで、〝長時間働くことのできる人こそ戦力〟という意識があり、時間に制約のある女性のマネジメントに慣れていない
・女性活躍推進の必要性・メリットが腑に落ちていない。「総論賛成各論反対」にとどまりがち

（＊）管理職の無意識の先入観・苦手意識とは

【体験・価値観からの思い込み＝無意識の先入観】

・「女性は結婚・出産したらいずれ辞める」
・「女性には専門的な仕事が向いている」
・「女性にはこの仕事は無理」
・「女性は管理職になりたがらない」
・「雑用や庶務は女性の仕事」

【遠慮・苦手意識・絶対数が少ないことからくる特別扱い】

・「叱ったら泣かれるから叱れない」
・「女性をどう育成したらいいのかがわからない」
・「本人の仕事に対する考え方がわからない。セクハラと思われる懸念があり、個人的なこ

とまで聞けない」

（2）女性自身に関する課題

・人生の選択肢が多いため、長く働き続けようという意識が弱く、「短期思考」になりがち

・「逃げ」「受身」「他責」の意識・姿勢

・自分の価値観に合うロールモデルがいないため、将来への不安・迷いが大きい（特に、今後のキャリア形成、結婚・出産後の両立に対して）

・「女性管理職は〝超優秀な〟〝限られた人〟がなれるもの」「自分はなれない」という思い込みから、管理職・リーダーへのチャレンジに消極的

・結婚による転居、配偶者の転勤・海外勤務により、やむを得ず退社に追い込まれるケースが増加

■女性活躍推進の具体的内容

これらの課題解決に向けて、数値目標と行動計画を立案しました。

数値目標として、

①女性管理職を２０２０年度末までに10％　１００名／１０００名（仮定）

②従業員に占める女性社員比率を２０２０年末までに、製造業平均および競合他社が属する企業群の平均を超える17％を目指す

と定めました。

具体的施策の全体像は、下図の通りですが、主なものを紹介します。

1　女性管理職の育成加速

女性管理職・リーダーの早期育成・早期登用に向けて、育成のための仕掛け・仕組みをとにかくたくさん用意しました。

(1)　女性リーダー育成研修の実施

将来、管理職・リーダーになるポテンシャルを有する女性対象に、7カ月間、

具体的施策

① 女性管理職の育成加速
1）女性リーダー育成研修の実施（中堅・若手）
2）長期視点で自らのキャリアを考える意識改革研修の実施
3）部門別「女性フィーダーポジション」の設置
4）スポンサー制度・メンター制度の実施
5）男女の違い・女性の行動特性を踏まえた上での意識改革策の実施
6）大阪大学との連携事業「女性エンジニアリーダーシッププログラム」

② 男性管理職・リーダーの意識改革
1）男性管理職・リーダー対象の講演会開催
2）女性社員を育成するためのマネジメント研修
3）「育児休暇復帰者セミナー」への育休取得者とパートナー、それぞれの上司の参加

③ 出産・育児をキャリアブレーキにしないための施策強化
1）育児休暇からの早期復帰を支援するための施策導入
　①ダイキン独自の保育所入所支援策（保活コンシェルジュサービス）
　②保活＆育休サポートセミナーの開催
　③生後６カ月未満で職場復帰する人への思い切った支援策
2）出産・育児期に、より思い切って仕事に挑戦できる「在宅勤務」の制度化
3）男性の育児休暇取得、育児参画がしやすい風土醸成
4）大阪大学との連携事業「育休中キャリアアップ支援プログラム」

④ 女性の積極採用
1）技術系女性の採用力強化
2）意欲ある事務系女性を惹きつけるための採用力強化

⑤ 「意欲ある人全員対象の女性活躍」の気運の醸成
1）ネットワーク形成、キャリア意識やスキル向上のための多様な“場”の設定・情報提供

推進体制の強化（専任組織の新設、部門毎の取り組み体制整備）

計5回の集合研修を実施、1期あたり20名が受講しています。
若手対象：2012年～毎年1期ずつ、計8期実施
中堅対象：2013年、2020年実施

(2) 部門別「女性フィーダー（育成）ポジション」の設置

「フィーダーポジション」とは、「部門の意思として、〝このポジションには女性を登用する〟と決め、候補者を具体的に定めて、計画的に育成・登用していくポジション」のことです。

候補者が決まったら、そのポジションに登用するまでに必要な経験の棚卸、育成計画の見直しを行い、育成を図ってもらいます。ただし、登用を約束するものではなく、あくまでも育成のしかけという位置づけです。

毎年実施している女性リーダー育成研修

(3) スポンサー制度・メンター制度の実施

スポンサー制度：女性の経営幹部や管理職を増やすために、役員クラスが、女性社員のスポンサーとして指導・育成し、昇進を直接的に支援する制度です。

メンター制度：社内の自部門以外の先輩社員がメンターとして、後輩社員（メンティ）に

対して、対話を通して、キャリアや職場に関連した相談を受け、アドバイスをする制度です。

（4）大阪大学との連携事業「女性エンジニアリーダーシッププログラム」

２０１９年、大阪大学と連携して、未来を担う女性エンジニアリーダー育成を目指すプログラムを新たに開講しました。大阪大学の女子大学院生とダイキン工業の若手女性エンジニアがともに学び、刺激し合う中で、将来技術系リーダーとして活躍するためのリーダーシップ・知識・スキル等を身につけます。

2　男性管理職・リーダーの意識改革

先ほど述べた「管理職のマネジメントに関する課題」の解決に向けて、講演会・研修など、さまざまな施策を継続的に実施しています。

（1）女性社員を育成するためのマネジメント研修

主に性別の違いによる「無意識の先入観」を払拭し、多様性を活かすことを前提として女性部下の育成・登用を行うマネジメント力強化のため、管理職・リーダー層を対象とした研修を実施。特に、「期待を示して厳しく鍛える」「育児休暇復帰後の仕事の渡し方に遠慮しない」ことの徹底を図っています。

①「マネジメント道場　女性部下育成セッション」部課長　450名対象
（2013年・2015年実施）
30名ずつ15コースに分けて実施、丸一日の研修

②「女性部下育成のためのマネジメント研修」
課長・リーダー層　140名対象
（2016年・2017年実施）
約30名ずつ5回開催、半日間の研修

③「女性リーダー研修　上司セッション」
女性リーダー研修受講生の上司　100名
（2016年〜現在）

（2）「育児休暇復帰者セミナー」への育休復帰者とパートナー、両者の上司4者での参加

2012年より、過去1年間に育児休暇から

マネジメント研修受講前後の管理職の意識の変化

受講前		受講後
何を考えているのか、女性の真意がつかめない	→	まずは、女性が感じていること、思っていることをしっかり聞き取ること。その上で、期待すること、要求したいことを率直に対話することが大事と再確認した。
育児休暇明けだから無理はさせられない	→	育休前後の部下に対して、一律に対応するのではは不十分であることを教えられた。女性が出産・子育ての時期にいかにモチベーションを下げずに仕事を継続できるかが課題と認識。
叱って泣かれると、正直怯む	→	女性は我々が思っているより強いもの。本当の意味で男性部下と分け隔てなく育てていけるかが勝負と感じた。

復帰した社員と上司を対象に、「育児休暇復帰者セミナー」を開催しています。2年前からは、育休復帰者のパートナー（社内結婚の場合）も参加、2020年からはパートナーの上司も対象に加えました。

育児休暇復帰者とパートナーは、男女ともにお互いのキャリアを大事にしながら、いかに仕事と育児のバランスをとって活躍しつづけるかを考え、双方の上司は部下をいかに支援するかを考えてもらっています。

3　出産・育児をキャリアブレーキにしないための施策強化

仕事と育児の両立支援策については、1992年の育児休暇・育児勤務制度導入時以来、以下の考え方を軸として、施策展開を進めてきています。

①〝就業継続支援〟に力点を置く～働き続けることが能力の維持のみならず、必ずや向上につながる。

②〝子育て〟支援ではなく、〝仕事との両立〟＝〝キャリアアップ〟支援を行う。

5事業場をオンラインでつないで実施した、育児休暇復帰者セミナー（2020年12月）

長い育児休暇や長い短時間勤務は、本人のキャリアに必ずしもプラスには働かない。無意識のうちにマミートラックに乗る人を増やさないことを意識して進めてきています。

育児休暇から復帰して働き続ける環境づくりはすでにできていたので、2012年からは、育児休暇からの早期復帰支援に大きく舵を切りました。その代表的な施策を紹介します。

（1）育児休暇からの早期復職を支援するための施策

①ダイキン独自の保育所入所支援策（保活コンシェルジュサービス）の導入

育児休暇取得後、職場復帰にあたっての最大のハードルは保育所に入所できないこと。待機児童が多く、希望の時期に保育所に入れず、育休を延長した人が多くいました。そこで、全員が1年以内に保育所に入所でき、確実に職場復帰できる支援として、「保活コンシェルジュサービス」を導入しました。

㈱マザーネットが受託し、個々人の事情に応じた活動方法やノウハウ、安心できる認可外保育施設の情報提供、アドバイス等を実施。妊娠中から保育所決定まで、一人ひとり個別にサポートしています。

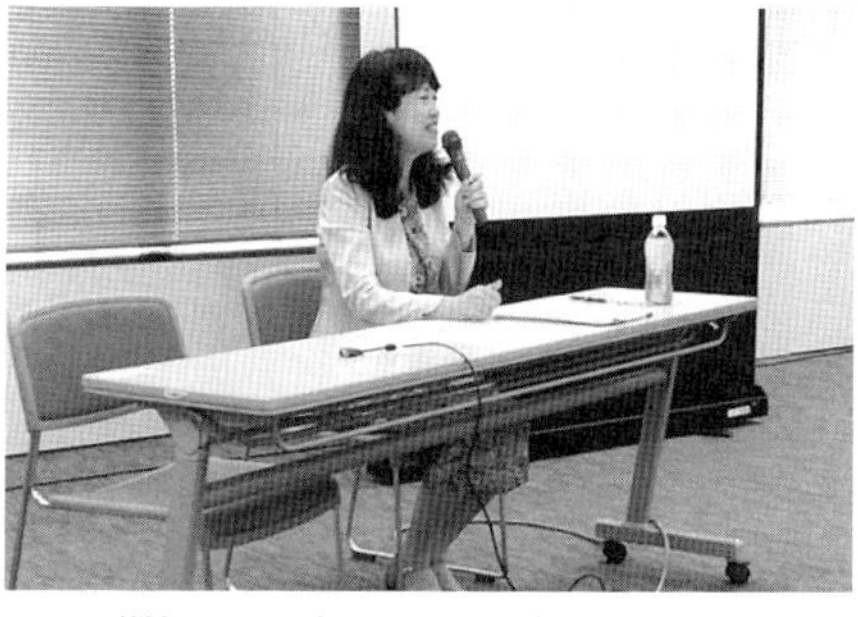

（株）マザーネット上田理恵子による
「保活＆育休サポートセミナー」

②保活&育休サポートセミナーの実施

「保活コンシェルジュサービス」をより有効に活用し、保活を効果的に進めてもらうために、育児休暇取得予定者とそのパートナー対象に、マザーネット主催で、「保活&育休サポートセミナー」を実施。保活の進め方、育児休暇の充実した過ごし方やスキルアップ、復帰後の働き方について考える場を提供しています。

③生後6カ月未満で職場復帰する人への思い切った支援策

昨今は、「育休から早く復帰し、キャリアブランクを短くしたい」というキャリア意識の高い人も増えてきています。会社としては、期待しているからこそ、早く復帰してほしいもの。そこで、生後6カ月未満に復帰した人に対する「足し算の支援策」を導入しました。

●両立生活へのソフトランディングを可能とする、より柔軟な勤務形態の導入

・「短時間勤務(4時間)」(賃金6割支給)〔復帰後1カ月間適用可〕

・「短時間フレックス勤務」(6時間勤務のフレックス)〔1歳到達前日まで適用可〕

・週4日までの「在宅勤務」〔1歳到達前日まで適用可〕

●乳幼児の育児と仕事との両立を支えるサービスの強化

・「育児支援カフェテリアプラン制度」(179ページの図参照)利用限度額の3倍増(60万円/年まで)とメニュー拡充〔復帰後1年間適用〕

育児支援カフェテリアプラン制度

・子どもの病気・残業・出張時に利用したベビーシッター等
外部サービス費用を年間20万円／人まで会社が補助する制度

<対象> 小6までの子どもを有する共働きの従業員、
および父子家庭・母子家庭の従業員

<支給金額> 1人あたり年間20万円まで

※生後6カ月未満復帰者は最大60万円、生後11カ月未満復帰者は、最大30万円。

<カフェテリアメニュー>

a. ㈱マザーネット利用
b. 全国保育サービス協会加盟会社のサービス利用
c. 個人契約のベビーシッター利用
d. 各市町村の「ファミリーサポートセンター」利用
e. 別居の親族の支援を受けるための交通費
(別居の親族に、ある一定期間、自宅で子どもの面倒をみてもらうための交通費)
f. 保育所の延長保育費用
g. 病児保育施設の利用にかかる費用

※育児休暇からの早期復帰者への追加メニュー

・認可保育所に入れなかった場合の無認可保育所の費用(生後11カ月未満復帰)
・認可保育所の利用費用(生後6カ月未満復帰)

出産・育児期に、より思い切って仕事に挑戦できる「在宅勤務」の制度化

	①週1回までの在宅勤務	②スポット的な在宅勤務	③週4回までの在宅勤務
目的・効果	・短時間勤務からフルタイム勤務への早期転換を促進 ・仕事と育児のバランスを保ちながら能力発揮できるよう支援 ・業務の生産性・効率性の向上	・個人事情により、就業時間外での勤務が困難な場合でも自宅で就労することで責任を持って業務をやり遂げることを支援	・育児休暇からの早期復帰を促進
定義	週1回まで、自宅で勤務を行うこと	個人事情により会社で勤務できない場合に、就業時間外に自宅で勤務すること	最大週4回まで、自宅で勤務を行うこと
対象者	フルタイム勤務で、小学校6年生までの子どもを持つ従業員 (共働き及び母子家庭・父子家庭)	小学校6年生までの子どもを持つ従業員 (共働き及び母子家庭・父子家庭)	育児休暇から6カ月未満で職場復帰した従業員
適用期間	子が小学校を卒業するまで		子が1歳に到達する日の前日まで

・ベビーシッター（マザーネット）の1カ月間無料おためしサービス〔復帰後1年間のうち1カ月〕

（2）出産・育児期に、より思い切って仕事に挑戦できる「在宅勤務」の制度化

179ページの下図にあるように、「週1回までの在宅勤務」「スポット的な在宅勤務」「週4回までの在宅勤務」を導入しました。

（3）男性の育児休暇取得、育児参画がしやすい風土醸成

子どもを持つ女性がキャリアを大事にして会社で成長し続けようと思うと、パートナーである男性が育児・家事を担うことが欠かせません。また、育児を大事にしたい男性も増えています。2016年当時、社内ではまだ男性社員が育児休暇を取得するのはハードルが高い状況にありました。そこで、子どもが生まれたら男性も育児休暇を取り、育児参画するのが当たり前の風土をつくるべく、2016年12月、「子どもが生まれた男性社員全員、最低5日以上の育児休暇を取得しよう」という取り組みをスタートしました。結

【男性の育児休暇取得日数（2020年度）】
※n=256

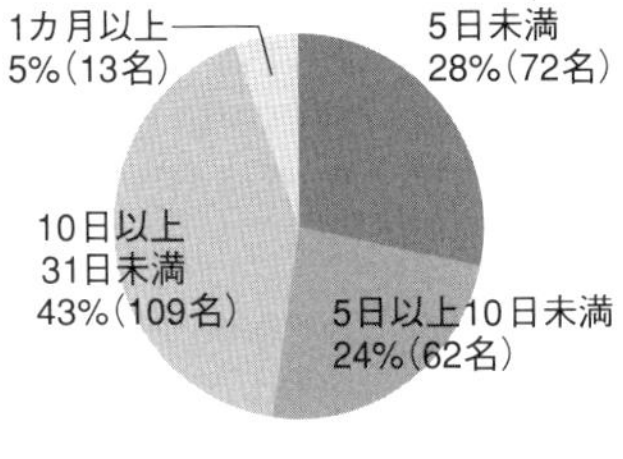

果、年々取得率は向上し、２０２０年度の取得率は93・4％（２０１６年度は55％）、平均取得日数も13・3日（２０１６年度は平均9日）となりました。

〈具体的施策〉

1　子どもが生まれた男性と上司への育休取得の個別アプローチ

今までは、結婚した男性に、男性向けの育休のしおりを送付し、「子どもができたら育児休暇を取ることを考えてください」というメッセージを送っていましたが、それに加えて、子どもができた男性とその上司に、「いつ育児休暇を取るか」を申請してもらうよう、個別にアプローチ。取得するまで3カ月ごとにフォローしています。

2　全社への周知と意識改革、職場風土醸成の取り組み

イントラネット、社内報、メールマガジン等で、男性の育児休暇取得事例を紹介。育休取得による本人のメリットや組織としての効果、育休取得のための工夫等を発信。また、他社と連携した「共働きフォーラム」も継続して実施しています。

（4）大阪大学との連携事業「育休中キャリアアップ支援プログラム」

育休中の社員が大阪大学の講座を聴講し、育休中にスキルアップできる仕組み。育休中の社員が大阪大学の人間科学部、経済学部および工学研究科（ビジネスエンジニアリング専攻）の

授業科目の中から自らのキャリアアップに資するものを選択し、大阪大学の一時預かり保育室に子どもを預けて履修することができます。育児休暇中の時間を使って、普段の仕事とはまた違う幅広い知識を得ることができる仕組みであり、非常に好評です。

以上のような施策を通じて、いろいろな場面で、管理職・女性社員・男性社員に求めたいこと（以下参照）を伝えています。

【管理職に求めたいこと】

1　一人ひとりとの対話で適性を見極め、修羅場を与えて厳しく鍛える。「優しさの勘違い」や「無意識の先入観」の払拭を。

2　育児休暇復帰後の仕事の渡し方に遠慮しない。育児休暇からの早期復帰・早期活躍を支援する。

3　女性がイキイキ働けるかどうかは、管理職の影響が大。人は「信じて任せてもらった」と感じることができれば、その期待に応えたいと思うもの。「期待」を示し、本人の成長につながる仕事を渡して育ててほしい。

【女性社員に求めたいこと】

1　今や、結婚・出産などのライフステージを超えて働き続ける時代。会社を自らの成長の場ととらえ、組織の中で多くを吸収し、仕事で成長し続ける人であれ。

2　上に行くほどまだまだ男性社会。競争社会で勝ち抜いていく気概・覚悟を求める。

3　必要以上に自分を過小評価しない。自分を認めて、果敢にチャレンジを。

4　今、女性にとって100年に一度のチャンス。与えられたチャレンジ機会から絶対に逃げない。

【男性社員に求めたいこと】

1　「女性活躍推進」の主旨の正しい理解を。

・女性活躍推進は、将来の当社の発展のために必要不可欠な経営施策。

・放っておくと、育成は男性優遇になるからこそ、過渡期の今は女性社員の背中を押す期間限定の取り組みを行う。

・研修などの機会が女性に多いのは事実だが、決して女性に甘いのではなく、その分、会社は女性に結果を求めていく。

2　共働き家庭は夫婦ともに育児・家事責任を担うことが不可欠。

・共働きをしている人は、会社の両立支援制度を積極的に活用して、男女ともにキャリアを大事にして成長し続けてほしい。

人事本部ダイバーシティ推進グループ、女性活躍推進担当部長の池田久美子さんは、約30年にわたり、女性活躍推進の仕事に携ってこられました。今、感じていることを語っていただきました。

＊＊＊

女性活躍推進の一番の壁は、「アンコンシャス・バイアス（無意識の先入観）」、思い込みの根深さだと実感する日々です。24年前、娘を産んだ時、この子が大きくなって就職する時には、女性が子どもを産んで育てながら管理職・リーダーとして活躍することは当たり前になっているると信じ切っていました。しかし今、まだまだ「当たり前」にはなっていません。たしかにこの20数年で女性管理職は増え、子どもを産んで働き続ける環境は整ってきています。しかし、変化のスピードがあまりにも遅いし、課題の本質は変わっていないと感じています。

本質的な課題は何かと言うと、「日本社会での根強い性別役割分担意識」「男性は働いて家族を養う。家事・育児は女性がメインで担う」。時代遅れに見えて、まだまだ人々の意識の中に根深く存在すると感じます。だから、「子育て中の女性社員は仕事より家庭を優先するもの」「もしも夫に転勤の辞令があったら、妻が会社を辞めて夫についていくもの」と思っている人が少なくありません。

また、「組織のリーダーは男性」という思い込みも強い。今の時代は、皆の前に立って旗を振り部下を率いる牽引型リーダーだけでなく、メンバー一人ひとりと向き合って、気持ちを汲み取り伴走する共感型リーダーが求められており、女性のほうが向いているとも言われていますが、組織を率いる長の候補というと、無意識に男性となりがちです。「女性は管理職になりたがらない」という思い込みもからみます。

これらのアンコンシャス・バイアスの払拭は本当に難しい…。

一方で、「たしかな変化の兆し」も感じています。今までは考えられなかった、前例のない「実例」が出てきています。例えば、

・遠距離恋愛の場合、お互いのキャリアを大事にして別居結婚を選択したり、どちらかに転勤の辞令が出た時、夫が会社を辞めて妻の働く場所で再就職というケースも出てきました。「妻が会社を辞めて夫についていく」ことを当たり前にせずに、どうするのが自分たち家族にとってベストかを考えて選択しているといえます。

・女性の海外勤務も増えていますが、育児休暇から4カ月で復帰し、子どもを連れてアメリカに赴任。夫は勤務先を辞めて帯同し、アメリカで子育てしているという例も。

・社内の同期入社同士の結婚で、子どもが生まれた後、長期の育児休暇を順番にとるケースや、妻がフルタイム・夫が短時間勤務で家事・育児をメインで担うケースもあります。
・「組織のリーダーは男性」というバイアスに反して、海外グループ会社の女性の社長が2人誕生しました。

このように、今までの価値観や慣例では考えられなかった「実例」が一つ、また一つと増えていくことこそに意味があると思っています。講演会や研修をいくらやっても、それだけでは人の意識は変えられない、「実例」「実物」こそ無意識の先入観を払拭する力になる、というのが長年女性活躍をやってきた実感です。子育てと両立しながらしなやかに活躍している女性管理職を身近で見てこそ、若手女性が「あんな風になりたい」と後に続く。会社経営に果敢に挑む女性社長の奮闘ぶりを見て、「女性も組織の長は十分務まるんだ」と男性が腹落ちする。

アンコンシャス・バイアスを払拭するためにも「多様な実例」をたくさんつくっていきたい。
そのためにも、まだまだ女性活躍はやめられません。

男性育休の本格的推進

積水ハウス株式会社

■ 導入のきっかけは、仲井社長がスウェーデンの街中で目にした光景

２０１８年9月、積水ハウスは男性に育児参加を促す育児休業制度「イクメン休業」をスタートしました。取得対象者は、３歳未満の子を持つ積水ハウスグループ社員で、主な特徴は、「育児休業１カ月以上の完全取得」「最初の１カ月を有給（性別不問）（賞与、退職金の算定、昇給昇格に影響なし）」「最大で4回の分割取得が可能」です。

導入のきっかけは、２０１８年5月に仲井社長が海外出張でスウェーデンのストックホルムを視察したのがきっかけです。街中で、ベビーカーを押しているのがほぼ男性であったことに

会社名	積水ハウス株式会社
本　社	大阪市北区大淀中1-1-88 梅田スカイビル タワーイースト
代表者	代表取締役　社長執行役員兼CEO 仲井 嘉浩
設立年月日	設立年月日　1960年8月1日
資本金	2,025億9,120万円
従業員数	従業員数　16,595名（2021年4月1日現在）
主な事業内容	建築工事の請負及び施工、建築物の設計及び工事監理 ほか 累積建築戸数　2,506,598戸（2021年1月31日現在）
受賞歴	イクメン企業アワード2020グランプリ、なでしこ銘柄2021　他多数

びっくりされたとのこと。すぐにスウェーデンの政府関係者に質問すると、「男性が３カ月育休を取るのは当たり前」と言われたのです。

帰国後、スウェーデンと同じように３カ月間の育休を取得できる制度を作りたいと人事部門に相談されました。社内ですぐに検討を行い、２０１８年７月に、「男性社員１カ月以上の育児休業完全取得」の宣言をしたのです。

積水ハウスグループのグローバルビジョンは、「『わが家』を世界一幸せな場所にする」こと。そのためには、まずは従業員とその家族に幸せになってもらいたい。経営者の強いリーダーシップのもと、全社一丸となっての推進がスタートしました。

■ ２００６年、ダイバーシティ推進の基本方針人材サステナビリティ宣言を発表

■ NEXT SEKISUI HOUSE

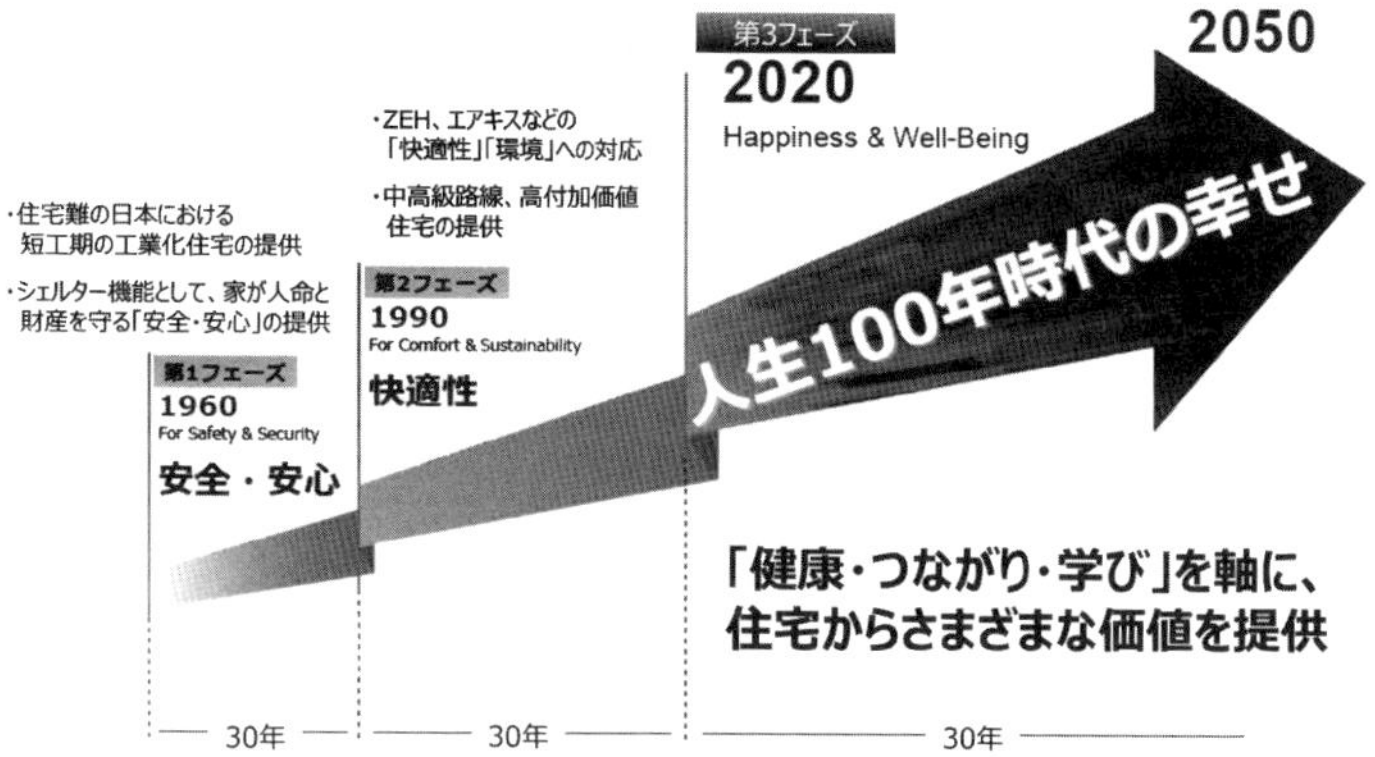

人材の多様性を重視し、社員と企業がサステナブル（持続可能）な成長を図っていける環境・仕組みをつくり、社会に対して持続的に価値を提供し続けることを目指して、制定しました。

1 女性の活躍推進

積極採用　職域の拡大　職種別課題の解決　女性管理職の登用

2 多様な人材の活躍

職群転換キャリアアップチャレンジ制度

退職者復職登録制度　65歳定年延長

障がい者雇用の促進　事実婚・同性パートナー人事登録制度

3 多様な働き方ワークライフバランス

育児と仕事の両立支援関連制度の拡充　イクメン休業制度

介護と仕事の両立支援関連制度の拡充　がん・不妊治療との両立支援制度

積立年休制度　休職者リハビリ復職制度　在宅勤務　モバイル勤務

■完全取得に向けて
～コミュニケーションツール

夫婦でしっかり話し合ってもらうための、「家族ミーティングシート」を作成されました。

将来像、取得時期、目的について記入することができます。また、現状、育休中、育休終了後の育児・家事の役割分担表も用意されています（いずれも積水ハウスのホームページで公開されているので、ぜひご覧になってください）。

■完全取得に向けて ～意識改革

男性の育児休業取得をよりよい社会づくりを考えるきっかけにしたいと、９月19日を「育休を考える日」と制定し、２０１９年より「イクメンフォーラム」を開催しています。２０２０年９月に開催された「イクメンフォーラム２０２０」では、「わが家をもっと、幸せに」をテーマにオンライン形式で開催されました。

その他、継続的な啓発として、以下のことに取り組まれています。

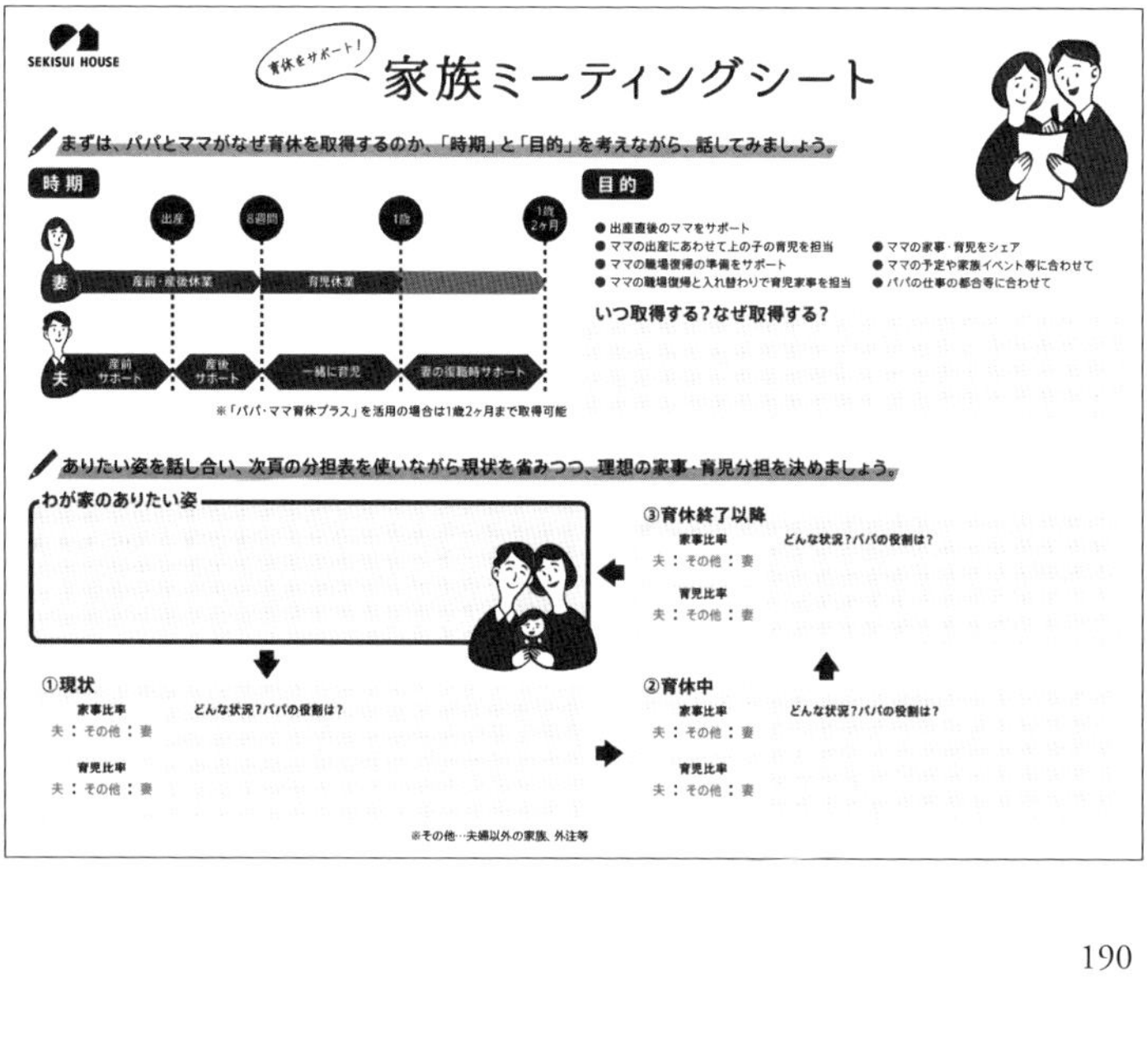

①イントラ イクメン休業サイト

②仕事と育児の両立いきいきフォーラム定期開催

3歳までの子を持つ男女社員とその上司は必須参加

③社内コミュニケーションサイト「イクメン奮闘記」

取得者の事例、営業・設計・現場監督など、多様な職種の社員を紹介

これらの取り組みにより、マインドの変化がありました。

〈従来のマインド〉

・有休取得も難しいのに育休など取れるわけがない
・家の事は妻に任せておけばよい
・ただでさえ人手不足なのに休まれると困る（周囲）
・家事、育児のスキルが低いのに、ずっと家に居られても困る。余計な家事が増える（妻）

〈新しいマインド〉

・父親が子どもに与える影響、役割は重要
・妻が仕事を持つ持たないにかかわらず、家事育児をシェアすることは家族の未来像に好影響
・イノベーションを促進する

・今後のリスクヘッジ（突発的な休業、介護休業への準備）のためにもイクメン休業がもたらす職場の変化は好ましい

■「イクメン休業」の取得状況と取得率（2021年5月末時点）～取得率100％を継続

現在の取得状況（積水ハウスのみ）は、取得対象男性社員2164名（2018年9月の運用開始以来の累計）、取得期限を迎えた男性社員（2019年2月の本格運用開始以降）959名のうち1カ月以上の育児休業取得者は959名で、取得率は100％となっています。

取得完了者の取得パターンは、4回分割が51・8％です。4回分割は、取りやすく、調整もしやすいとのこと。たとえば、1回目には家事を覚え、次の取得の課題を整理し、4回目には全員で家族旅行に行く家族もいるとのことです。

取得期間は、6～12カ月が29・3％と最も多くなっています。「1カ月は短かった」という人が増えています。

■上司と取得者のアンケート比較～上司の方が満足度が高く、当事者は冷静

男性が育休を取得することで、「職場でのコミュニケーションが取りやすくなった」「職場風土が変わってきた」と回答したのは、取得者よりも上司の方がポイントが高いという結果が出

■ 取得完了者の取得パターン

【取得パターン】（n=846）

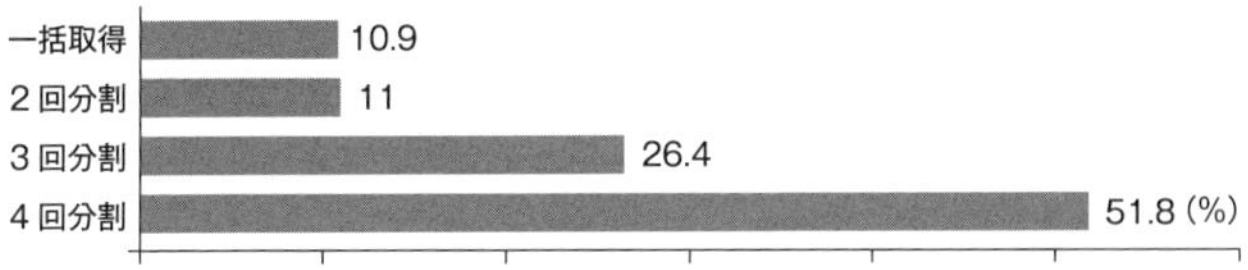

【出生から最初の休業日取得までの期間】（n=307）
（2018年9月以降に子が生まれ、取得完了済もしくは31日以上の計算書提出済者データから作成）

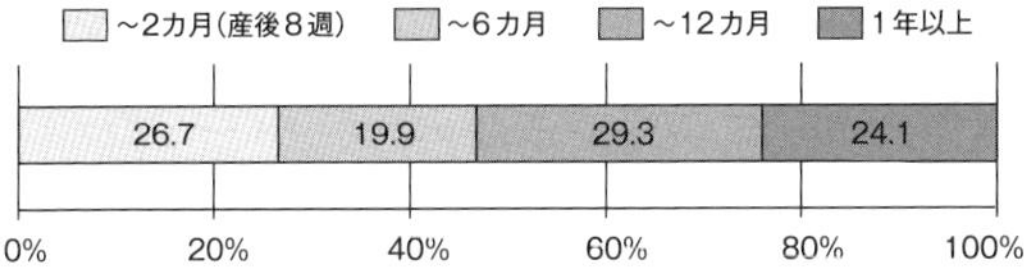

■ 1カ月の休業期間に対する満足度

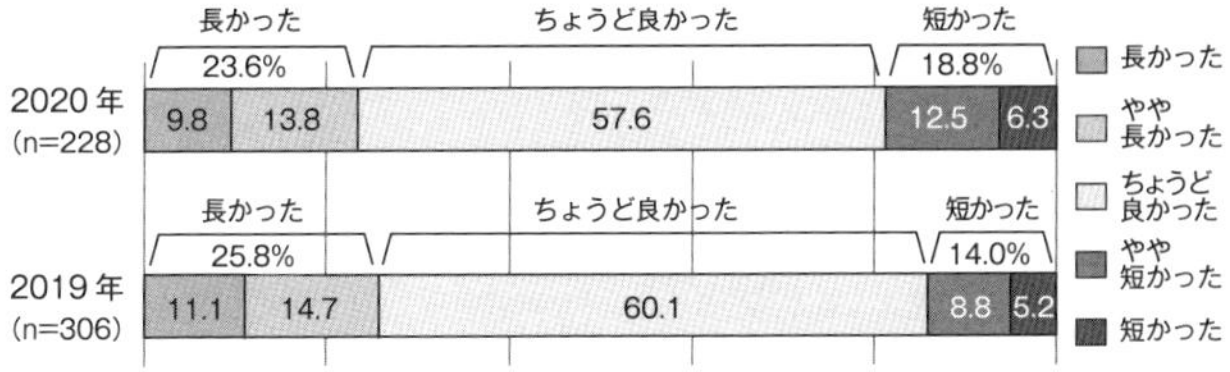

■ 上司と取得者のアンケート比較

【総合評価】（取得者本人）

【組織としての協力体制】

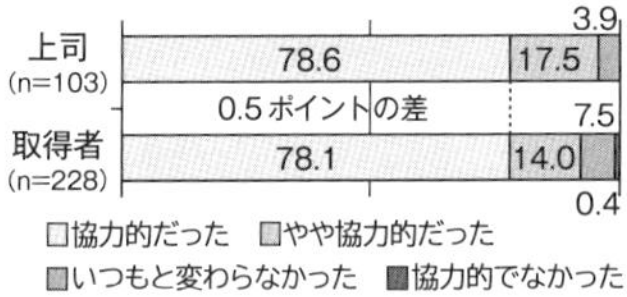

【職場でのコミュニケーション】

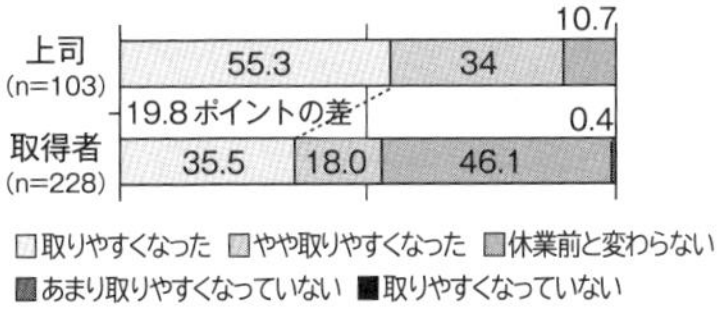

【職場風土の変化】

ているのは、興味深い点です。

■新たな制度の導入

「イクメン休業」制度拡充策の一つとして、「イクメン産後8週休」の運用を2021年4月から開始しました。母親の心身の負担が大きいと言われる産後8週期間（出生日の翌日から56日間）内に、ご家庭の事情等に合わせて、1日単位で分割回数に関係なく休業を取得することができます。

「イクメン休業」の4分割まで可能の規定の中で産後8週の期間を1分割とし、その期間内は母子の都合に合わせフレキシブルに取得するというものです。

■今後の課題は、本人にも周りにも価値を生み出す「質の向上」への取り組み

導入から2年以上が経過し、男性社員全員が育休を取得できる会社になりました。導入の効果として、「コミュニケーションの増加（イノベーション&コミュニケーション）」「業務の棚卸、若手育成の機会創出」「社内風土の変化（助け合いの輪）」「お客様からも好印象、学生など若い層からも高評価」があるとのこと。そして、今後の課題は、本人にも周りにも価値を生み出す「質の向上」の取り組みが重要とのことです。

本プロジェクトを推進されてきた常任監査役の伊藤みどりさん（前執行役員、ダイバーシティ推進担当）は、推進する上で苦労した点について、こう話されました。

「大企業だけれど、一つの営業所は小さな企業であり、反発がありました。現場では、一人のお客様に一人の営業担当者がついていたので、クレーム依頼など、緊急時が困るとの声が。対策として、緊急対応当番表を作ったり、仕事の手順書を一般展開するなど工夫をしました。また男性育休制度のことを説明することで、育休を取得する男性の営業担当者が仕事に復帰するまで待ってくださるお客様もいらっしゃいました」

最後に、今後、男性の育休取得に力を入れたい企業へのアドバイスをお聞きしました。

「『1カ月の育休制度を導入する』ことで旗振りするのは賛成です。ただ、注意が必要です。実際に男女とも育児休業を100％取得することを当たり前の状態にするには、経営トップのリーダーシップと実務推進チームのコミットが不可欠です。

それは、育休取得の意義（従業員とその家族の幸せ）と制度（取得方法・

導入 2018年9月

- トップの強力なリーダーシップ
- 精神的な安全性の確保
- 実践的サポート

→ 課題 →

質の向上 2020年～

- 事前準備～家庭・職場
- 協力体制～周囲の理解

<施策>
①イクメン ガイドブック
②仕事と育児の両立フォーラム
③ＥＳＧ表彰の基準に組込み

工夫）に対する深い思い入れです。各企業の状況を踏まえつつ、挑戦的な試行錯誤で生み出した最適解が納得感をもって浸透していく原動力だと思います。そこが曖昧のまま『1カ月の育休制度を導入する』ことを目的としても職場も家庭も円満な定着は難しいのではないでしょうか」

「一人のイクメンを作りたいわけではない。一人のイクメンのもたらす力には未知数の可能性がある」と伊藤さんは締めくくられました。企業を超えて、社会に対してもインパクトのある活動に、これからも注目してほしいと思います。

■ イクメン休業がもたらす価値

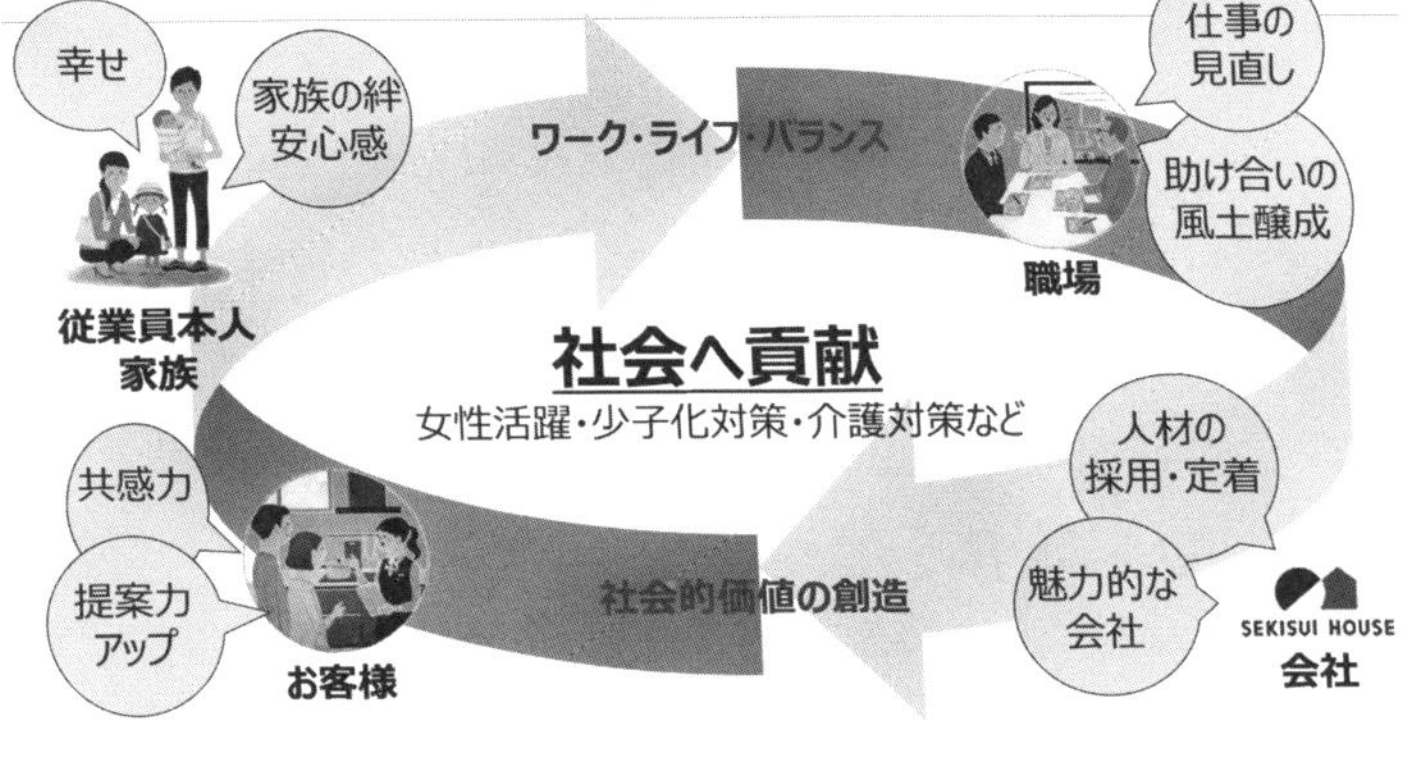

積水ハウス「イクメン白書 2020」

日本の男性の家事・育児実態を把握するため、小学生以下の子をもつ全国20代～ 50代のパパママ9,400人に調査を実施

【調査概要】

■調査時期　2020年7月17日～ 7月24日
■調査手法　インターネット調査
■調査対象　47都道府県の小学生以下の子どもがいる
20代～ 50代の男女9,400人
人口動態に基づくウェイトバック集計

日本全国の男性の「イクメン力」や、家事・育児に対する意識実態や育休取得実態が明らかに

■ 全国「イクメン力」ランキング調査 独自の指標

積水ハウスが独自に設定した「イクメン力」の基準となる4つの指標（5項目）

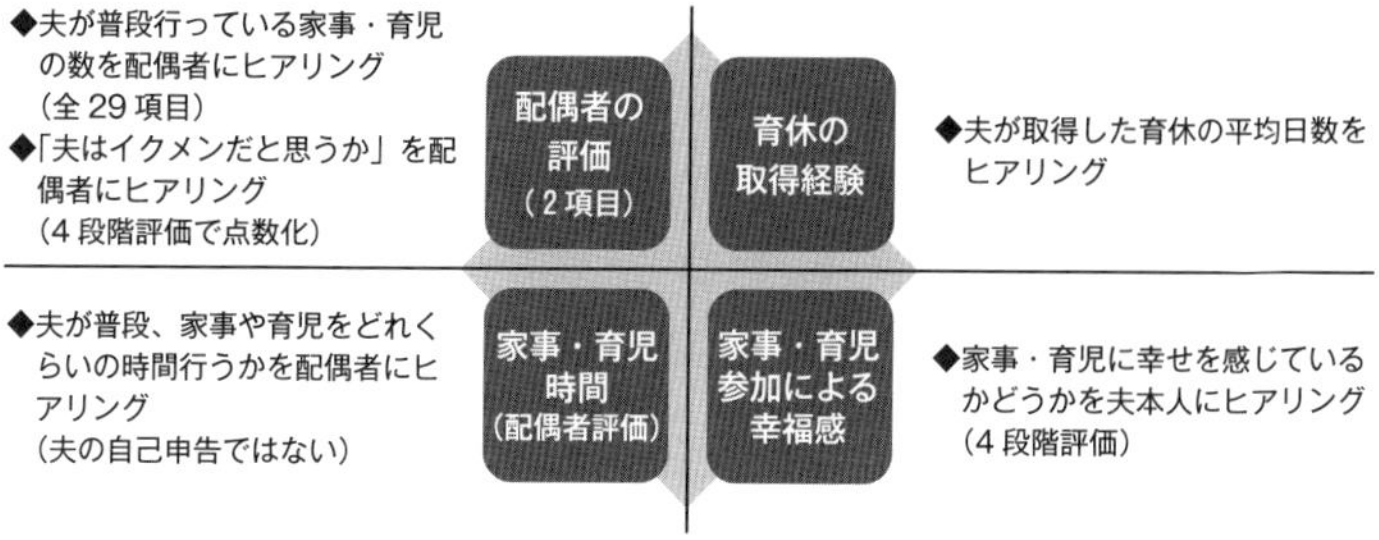
◆夫が普段行っている家事・育児の数を配偶者にヒアリング（全 29 項目）
◆「夫はイクメンだと思うか」を配偶者にヒアリング（4 段階評価で点数化）
配偶者の評価（2 項目）
育休の取得経験
◆夫が取得した育休の平均日数をヒアリング
◆夫が普段、家事や育児をどれくらいの時間行うかを配偶者にヒアリング（夫の自己申告ではない）
家事・育児時間（配偶者評価）
家事・育児参加による幸福感
◆家事・育児に幸せを感じているかどうかを夫本人にヒアリング（4 段階評価）

項目別に数値化し、1位：47点、47位：1点を付与して足し上げることで、全国47都道府県別に「イクメン力」を算出・比較

■ 指標別都道府県ランキング TOP3

部門別TOP3	夫が行っている家事・育児の数（個）		夫をイクメンだと思うか		夫の育休取得平均日数		夫の家事・育児時間（時間/週）		家事・育児への幸福度	
1位	島根県	7.39	佐賀県	0.33	東京都	9.42	鳥取県	16.59	高知県	1.25
2位	福井県	7.09	熊本県	0.33	富山県	7.68	福岡県	16.54	宮崎県	1.08
3位	福岡県	6.91	北海道	0.31	福島県	7.61	山形県	16.44	香川県	1.06
2020年全国平均	↑6.00		↑-0.01		↑4.10		↑12.91		↓0.85	
2019年全国平均	5.44		-0.03		2.36		11.06		0.91	

■ 家事育児に幸せを感じる夫の傾向

男性の家事育児幸福度

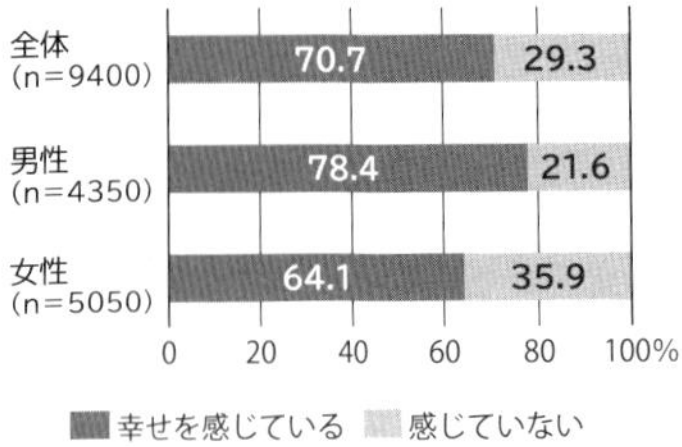

(育休取得の有無、長期取得者の傾向)

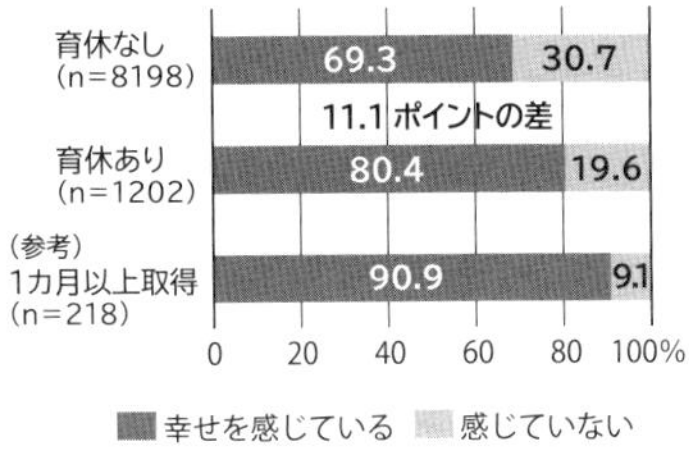

育休を取得した方が、しかも長期で取得した方が男性の家事育児幸福度は高くなる傾向に

■ 家事育児幸福度の仕事への影響

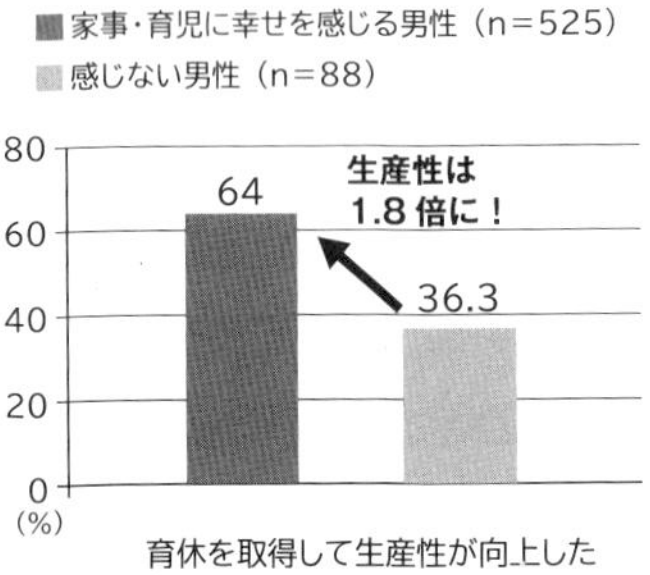

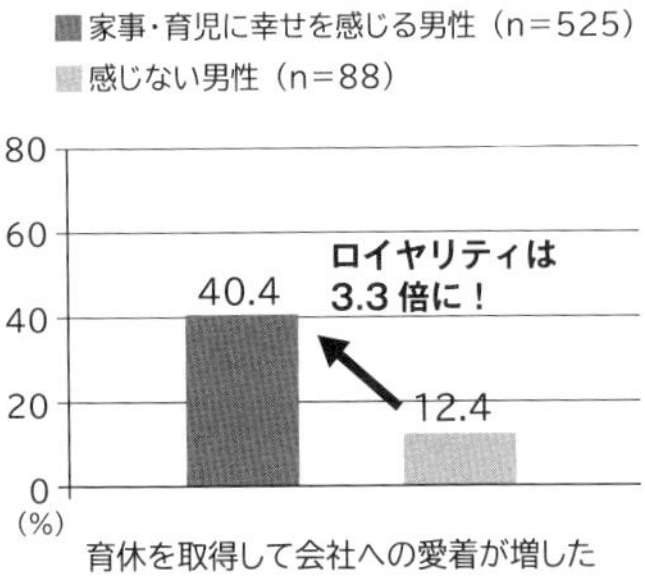

家事育児に幸せを感じる夫は、「生産性の向上」や「会社への愛着」にもプラスの効果あり

積水ハウス「イクメン白書 2020」〈続〉

■ 育休を取得しなかった理由

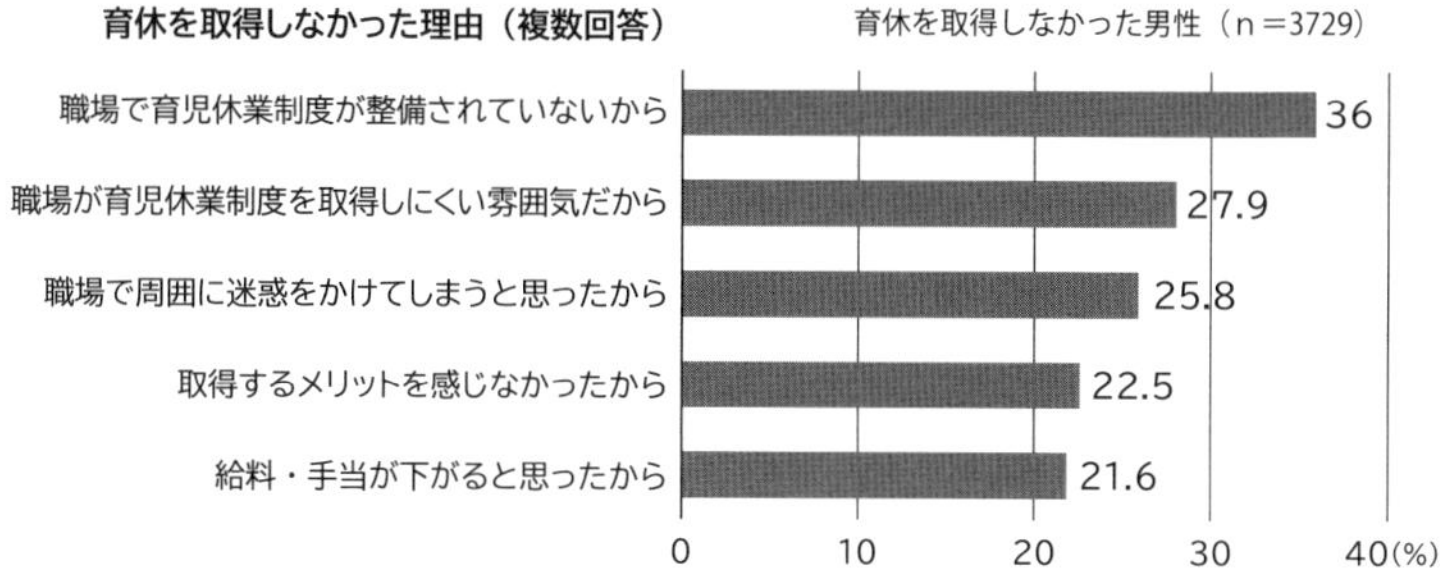

昨年同様、職場環境が大きな要因に

■ 男性の育休取得推進にかかせないのは

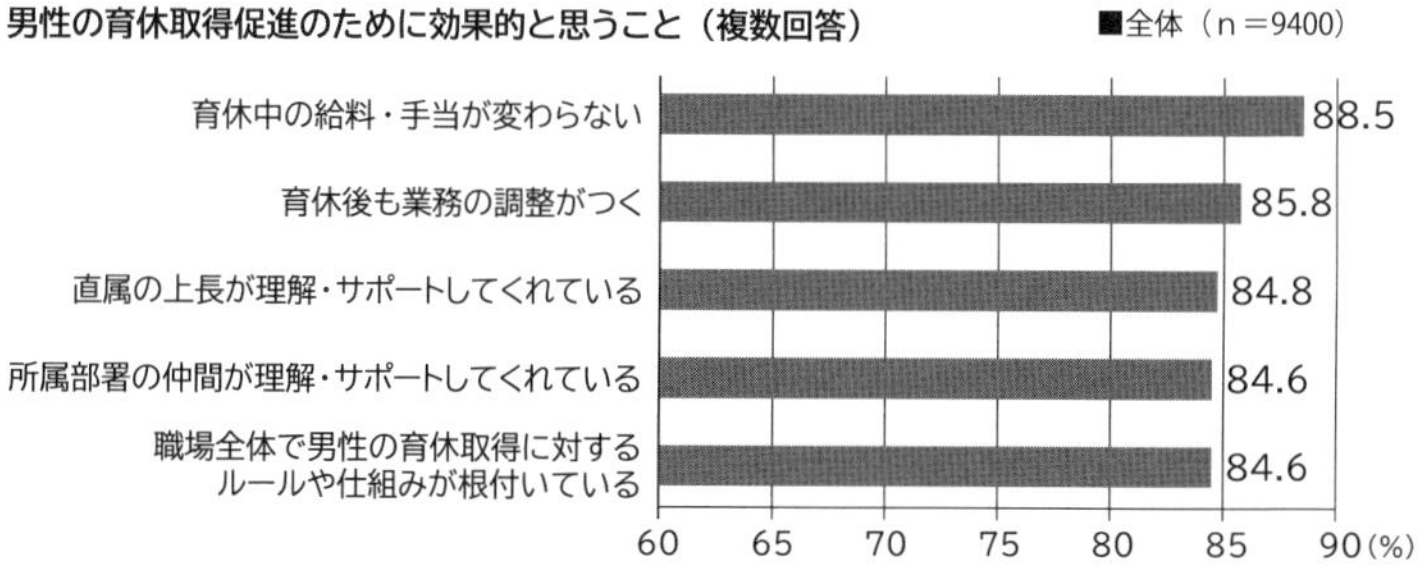

「給料維持」「仕事の調整」「職場の理解」など、
まずは企業・組織が変わらなければ！

トップの強いリーダーシップと社員へのきめ細かいサポート

株式会社プロアシスト

プロアシストは、社長の生駒京子さんが大学卒業後、大手ソフトウェア会社勤務、専業主婦を経て１９９４年に創業したソフトウェア開発などを手がける会社です。「社員の家族は自分達の家族、子育ても大事なミッション」と生駒社長は考え、社員の出産・育児に、会社としてできる限りのサポートをされてきました。

■休業中に業務を支えてくれた他の社員に仕事で恩返しをするために、必ず復帰してほしい、と社長が直接伝える

会社名	株式会社プロアシスト
本　社	大阪市中央区北浜東4-33 北浜ネクストビル28階
代表者	代表取締役社長 生駒 京子
設立年月日	1994年4月25日
資本金	5,000万円
従業員数	217名（2021年4月1日現在）
主な事業内容	組込みシステム開発、制御システム開発、基幹業務システム開発、WEB開発　他
受賞歴	ダイバーシティ経営企業100選（2015年）、女性活躍リーディングカンパニー2020大阪市認証
備考	生駒社長は、2021年5月、関西経済同友会代表幹事に就任。女性が代表幹事となるのは、2002年以来２人目

プロアシストでは社員に占める女性比率は約30％。産休・育休を取得する社員は、創業以来、男性５人を含む20人で、男性も１～４カ月の育休取得実績があります。生駒社長は、「男性も育休を取れば、仕事と家庭の両立への理解やマネジメントスキルが身につき、良い管理職になります。子どもは大人と違ってなかなか言うことを聞きません。子どもの世話をすることで、マルチタスクで動く才能が身につく」と考えています。

育休後には、時間短縮勤務や、勤務時間をずらしたシフト勤務などを利用できるなど、共働きが自然にできるような会社づくりを目指しています。同社の特色の一つは、育休後の復職率が１００％であることです。

「社員は縁があって一緒になった家族のようなもの、だからなるべく最後まで一緒に働き続けたい」というのが生駒社長の考えです。そのために、社員との絆を深め、簡単に離職しにくい雰囲気づくりに注力しています。

「育休は権利だが、育休を感謝して取得するように」「休業中に業務を支えてくれた他の社員に仕事で恩返しをするために、必ず復帰してほしい」と、生駒社長自身が育休取得者に明確に伝えています。

■社員の子どもは、会社の子どもとして育てていきましょう

戻ってきた社員のために、始業（9時30分）、終業（18時）時刻を2時間まで繰り上げ・繰り下げできる「始終業時間変更制度」や、1日2時間を超えない範囲で、子どもが小学校3年生終了まで利用可能な「育児短時間勤務制度」を設けるなど、バックアップの体制を整えています。また、子どもの調子が悪い際には、すぐに早退できる職場の雰囲気作りもできているのは心強いです。こうした柔軟な勤務形態が、育休後の職場復帰１００％を支えているのです。

子どもを育てていると、いろいろな悩みがあります。大変なことがあると、気持ちがそちらへ行き、仕事に集中できません。大変なことをわかりあって、言える会社でありたいと思う生駒社長は「あなたの子どもは、会社の子どもとして育てていきましょう」と社員に伝えているとのことです。

■社員の子どもを知ることで、自然と子育て社員への理解が生まれる

大家族的な雰囲気もプロアシストの特徴です。毎年の社員旅行や天神祭花火鑑賞会など社内行事もあります。立候補した社員10名で構成される親睦会が企画・運営するのですが、社員の家族も「会社の家族」として招待しています。２０２０年10月には、ユニバーサル・スタジオ・ジャパンへの日帰り旅行を企画し、１６０名の参加がありました。コロナ禍なので、昼食と夕

食はクーポンを配布し、それぞれの家族で食べてもらうよう配慮しました。また毎月1回土曜日の午後に体育館を借り、社員と社員の子どもたちが一緒にスポーツをしています。この活動は15年以上続けています。

2020年10月、ユニバーサル・スタジオ・ジャパンへの社員旅行

会社参観にて、子どもと名刺交換を行う生駒社長

新型コロナウイルスが流行する前である3年前までは、会社参観を実施していました。社員は子どもに1分間で仕事の説明をします。生駒社長は子どもたちに「社長の仕事は、新しいお客様と名刺交換することです」と説明。そしてハガキサイズの名刺を作り、子どもたちと名刺交換しました。すると自然と子どもたち同士で「社長です」と言

いながら、名刺交換が始まったのです。子どもたちを社員や会社のファンにしていきたい、とのことです。

生駒社長は「このような活動を通じて、社員の家族同士の輪ができます。仕事以外で社員同士が遊ぶのは、とても良いことです」と話します。育休中の社員が、生まれた子どもを連れて職場を訪れる風景も珍しくありません。家庭と職場の仕切りをなるべく低くした会社作りを進めています。

子どもの成長を職場で見守る雰囲気から、自然と、子育て社員への理解が生まれてくると言います。

最後に、生駒社長にいくつか質問をさせていただきました。

中小企業において、仕事と子育ての両立支援を進める秘訣を教えてください。

中小企業では、トップが決めれば、動きやすく、考え方が浸透しやすいです。大企業はすごいルールは作れますが、本人の意識までいかに落とすのかが課題だと思います。

いかに早く社員全員に考え方を浸透させるか。トップやマネジメント層が、それが良いことであるという賛同者を増やしていくことです。

もしもトップが前向きでない場合は、トップこそ、さまざまな女性活躍やダイバーシティに関する説明会などに行くべきだと思います。それをコントロールするのは人事部門の役割だと思います。

女性がさらに活躍できる会社であり続けるため、今後力を入れていくのは、どのようなことでしょうか。

柔軟な制度、ということを言い続けています。世の中が今まで通りの働き方ではなかなか難しい時代になってきています。今年の施策、方針はこれでいきますよ、と少し軽めで、女性が働きやすく活躍できる仕組みにどんどんトライして、定着したものを、制度として残していけばよいと思います。まだ道半ばなものは、変革させながら、会社に定着するものに作り上げていったらと思います。

弊社には制度はたくさんありますが、それだけにとらわれることなく、一人ひとりへの対応が必要です。たとえば、育児短時間勤務制度は小学3年生までですが、子どもによっては、その後も不安や寂しさを感じる子もいます。その場合は、小学6年生まで時短を利用できるようにしました。つい最近までは、子どもが小学5年生になるまで時短を取得した男性もいました。

一人ひとりの家庭環境はいろいろあります。じっくりと話をしながら、いろんな仕組みを臨機応変に作り上げていけば良いと思っています。

第6章

「子育て支援」を企業の成長戦略へ～企業と国への提言

これまで、女性活躍を阻む要因、またそれを実現するための糸口について整理を行ってきました。

第6章では、関西経済同友会子育て問題委員会で取りまとめ、2021年5月に発表した政策提言を、結論に変えて、再掲します。その際、前章までの具体的事例を交えながら、女性活躍を推進するための具体策を考えていきたいと思います。

子育てと仕事の両立を阻む要因の多くは企業にあることから、現状を打破するには企業こそが変わらなければなりません。そのためにもまずは、働く世代の子育てと仕事の両立支援を経営者自らのリーダーシップで実現していくべきです。経営者が子育て支援を企業の持続的成長には不可欠な戦略であると捉え、自ら責任をもって提言を実行に移すことが重要です。また、今まで男性の育児家事参画が進まなかった要因の1つには、政府の施策が子育てをする本人への意識啓発に留まってきたことが考えられます。その点については、「男性育休の個別周知義務」や「男性産休の創設」が閣議決定されるなど、一定の進展が見られます。今後は、決定事項の確実な推進とともに、企業の取り組みを後押しするさらなる改革を期待したいものです。男性の家庭活躍（育児・家事参画）が進めば社員の家庭関係は向上し、社員のWell-being向上は企業の生産性や評価向上に寄与すると共に、少子化対策や女性活躍推進、人生100年時代への対応といった社会課題解決へと波及します。日本の持続的成長の観点からもスピード感を持ち、重点的に対策を講じる必要があります。

1　企業・経営者への提言「子育て支援を成長戦略として実践を」

子育て支援について国から強いメッセージを発信することは非常に重要なことですが、やはり従業員を雇用している企業や経営者の意識改革が不可欠。求められる方向性は次の2点です。

方向性1　子育て支援を経営に直結する社会課題として捉え、中長期経営計画に盛り込むなど成長戦略として実践を

日本の労働力人口や出生数が年々減少し働き手の確保が困難となりつつある中において、企業・経営者は女性が出産・子育てを理由にキャリアを諦めざるを得ない環境の是正や、育児・家事は女性の仕事と固定観念的に捉えていた男性の抜本的意識改革にまずは取り組む必要があります。これまで、出産・子育てを理由に仕事を諦めてきた女性が企業での業務に携わること

で、従来にはなかった発想を企業経営に反映させることも可能となります。また、これまで仕事一辺倒だった男性が子育てや家事への参画など、今までにない経験を積むことで新たな発想を持つことにつながります。ダイバーシティの推進により多様な経験を持った人材が企業に集まることで、これまでの効率重視の経営からイノベーション創出による成長を志向する経営へと方向転換することが可能となります。

方向性2　経営者のリーダーシップの下、イクボス育成や職場環境整備・風土醸成を

子育てと仕事の両立を促進する職場環境整備・風土醸成には、経営者や管理職の「イクボス」としての意識改革も重要となってきます。「イクボス」に求められることは次の2点です。

〈組織の業績も結果を出すこと〉

企業業績が給与や処遇面にも結びつくことからただ経営者や管理職の理解があればよいのではなく、しっかりとその取り組みそのものを企業の成績に結び付けていく必要があります。

〈上司自らも仕事と私生活を楽しむことができること〉

部下社員に仕事も子育ても楽しんで実践してもらうためには、自らもその楽しさを知ってい

なければ説得力をもって部下社員に伝えることができません。部下は経営者や管理者が思っている以上に普段の行動をよく注視しており、上司が公私共に充実していれば、接する部下社員へも自ずとその雰囲気も伝わるものです。是非、部下社員へ伝わるように経営者・管理者自ら率先しても私生活も楽しんでいただきたいです。加えて、希望者がスムーズに取得可能な制度の充実等の職場環境整備や、当たり前に誰もが取得可能な風土の醸成に取り組んでいく必要があります。

以上を踏まえて企業・経営者が部下社員のために取り組むべき具体的な5つの施策を提言します。

提言1　男性育休義務化（1カ月以上の実質的な取得）

近年、さまざまな企業において男性育休は幅広く認知され始めています。アンケート結果（第2章）を見ると、一般社員だけでなく管理職も含めてもっと子育てに参画したいとの強い願望をもっていることがわかりました。しかし、実際の男性の育児休業の取得率は女性83・0%に対して7・48%（2020年、厚生労働省）と政府目標の13%を大きく下回っています。男性育休の取得が形式的な取得となっていないかについても、今一度検証する必要があります。

制度では5営業日までの取得可能となっているにもかかわらず、全員に1日のみ取得させ取得率100％と謳っている企業は存在していないでしょうか。このような形式的な取得だけが浸透しても、本質的な解決に至らないのは明らかです。積水ハウス株式会社（第5章で紹介）では、3歳未満の子を持つ男性社員に対して、1カ月以上の育児のための休暇を義務付け、取得率100％に成功しました。**対外的に開示するための表面的な対応ではなく、企業・経営者が自社のために有意義な取り組みであることを十分理解した上で、強いリーダーシップで実行することが重要です。**

男性育休については大企業だけのものであり、中堅・中小企業には関係のないと思われることもありますが、それは誤解です。育児・介護休業法第5条では「労働者は、その事業主に申し出ることにより、育児休業をすることができる」、第6条では「事業主は、労働者からの育児休業申出があったときは、当該育児休業申出を拒むことができない」と定められており、企業規模の大小を問わず、一部の例外を除いて20育休を取得することは働き手の権利であるとともに、企業側は社員からの申し出があった場合にはそれを拒むことはできません。それにもかかわらず取得が進まない要因としては、やはり経営者・管理職の理解・姿勢が大きいものです。「男性は育休なんて取らず、仕事に専念すべき」「男性が育休を取得したところで、家庭内で邪魔になるだけだ」といった古い考えの下、上司が取得を遮るケースもあるのではないでしょうか。そのような企業は新卒希望者を始め、さまざまなステークホルダーから支持を得ることができず、近い将来市場より淘汰される可能性もあります。**後述しますが、中小企業においても、「両立支援助成金等」の活用により、育休中の社員の代替要員の雇用や、他の社員への負荷の増加に対するインセンティブ付与など、子育て支援に取り組むことは可能です。**

提言2　多様性を評価する人事制度の導入

ここでは「時間当たりの生産性」と「対外活動への積極的な参画」の観点から施策を提案します。

〈時間あたり生産性〉

2019年4月1日に改正労働基準法が施行され、これに違反した企業は厳しい罰則規定が設けられるなどの法整備が考え方を変える大きな潮目となりました。これまでは家庭を顧みず、私生活を切り詰めて捻出した時間の総和により成果を上げてきたものが優秀な社員として評価されてきましたが、企業・経営者は時間が無限にあるという考え方から、限られた時間にいかに成果を上げていくかということに舵を切る必要があります。これからは成果をどれだけ時間で達成することができたかという**「時間当たりの生産性」という概念が非常に重要となります。**「時間当たりの生産性」が高い社員を評価することにより、効率良く仕事する社員が増加し、付き合い残業といった無駄な時間外勤務等も抑制されるなど、これまで育児参画を断念していた社員も時間を捻出することが可能となります。従来と比較して時間外勤務が減少するがために給与面が減少することについては、**賞与やインセンティブにて報いるなどの制度構築も求められます。**

〈対外活動への積極的な参画〉

これまでは社内の一体感といった機運醸成のために、定期的な飲み会などの催しを開催していた企業も多いと思います。もちろん、そのような取り組みも重要ですが、これからは社員それぞれが社外に出てさまざまな人との交流を持つことで、業種の垣根を超え、さまざまな価値観に触れ、新たな発想を生み出し、企業の成長戦略に資するイノベーションの担い手になることが期待されます。そのためにも、最初のステップとして自身の**子どもが通っている保育所、幼稚園や小学校等の保護者会、PTA活動などへの積極的な参加を、多様性を評価する人事制度の構築によって後押しすることが重要です。**

提言3　育児関連費用の企業負担（テレワーク中も補助）

アンケート調査（第2章）では、「社員は子育てと仕事の両立にあたり何に困っているか」という質問に対して、「緊急時（子どもの病気、出張など）に頼れる人やサービスがない」という声が非常に多く寄せられました。子どもはいつ熱が出るかわからず、朝出勤する際に急に熱を出すなどということも珍しいことではありません。そしてそのような時に限ってパートナーの協力を仰げなかったり、どうしても抜けられない会議があるなど、個人負担で応急的に民間のベビーシッター制度を利用することもあります。後述する「企業主導型ベビーシッター」の利用も検討はできるものの、前日までの事前登録が必要になるなど、利用に一定の制限がかかるケースも多いものです。このような**突発的な事象にあたり、これまでは働き手が自己負担で対応してきましたが、1日に1~2万円程度を要することもあり、働いた対価以上の支出が発生する場合もあります。これでは優秀な人材は、企業負担などの制度が充実している会社へと流出することも考えられ、何よりこれから子どもを出産し子育てをしようと考えている若い世代の人材確保は難しくなります。多様で有能な人材を確保しようと考えるならば、これらの事象に企業として手を差し伸べる制度の拡充は必須です。**

　新型コロナウイルス感染症が拡大前には、自宅で子どもを見ながらテレワークで仕事に取り組むといった働き方の良い面ばかりがフォーカスされていましたが、いざコロナ禍で多くの人がテレワークに取り組むと、子どもが騒いでリモート会議に集中できなかったり、家事・食事の対応で職場に行っている以上に時間を取られて業務に支障をきたすといったケースも多く聞かれ、子どもが寝静まった夜中に日常業務をこなし、日中は子どもの相手をするといった昼夜逆転の働き手も存在することがわかりました。そのため、**テレワークでの働き手に対してもベビーシッターなどの育児関連費用補助といったきめ細かな対応が企業には求められていると言えます。**

提言4　単身赴任等への柔軟な対応

これまで企業は人材育成、働き手確保などの観点から、働き手の個別事情をあまり考慮することなく異動を行ってきました。また、働き手も企業・経営者への忠誠心を示す意味においてもそれに応えてきました。しかし、これからの時代においては社員の個別事情も十分考慮した上で検討していく必要があります。先述の通り、コロナ禍においてテレワークなど単身赴任に代替できる手段も出てきています。**テレワークを活用すればオフィスに限らず自宅からでも勤務が可能となり、**会議もリモートで気軽に実施できることが浸透してきました。現地への訪問が必要な場合は、個別に出張で対応するなど**「テレワーク＋出張」で単身赴任を回避することも可能です。**

どうしても会社の都合で単身赴任などへの対応が必要な場合には、「単身赴任手当」などの個別手当拡充を求めたいものです。これまでは、家庭の家事・育児の負担軽減の観点から毎週末に帰宅したくても、自己負担が必要であるために断念せざるを得ない状況が見受けられました。単身赴任をお願いせざるを得ない状況なのであれば、帰宅の費用を企業側が十分に賄うことができるよう手当を支給することが必要です。

また、「単身赴任制度に伴う休暇制度の導入」にも期待したいものです。単身赴任となれば、週半ばの5日間は赴任先で勤務をし、土日等の休日に配偶者や子どももいる許へ帰宅し、またすぐに翌日赴任先へ戻るといった働き手が多いと思います。このような事象を少しでも解消するために、**年に数回程度は帰宅時に長期休暇取得を許容し、単身赴任中においても、少しでも配偶者の育児・家事の負担を軽減するような制度の検討が求められます。**

提言5　コロナ後のテレワークの定着

コロナ禍で多くの企業において出勤が制約され、テレワークの導入を積極的に行ってきました。特に、２０２０年4月7日から5月6日の期間で発出された緊急事態宣言下においては、未知とのウイルスの戦いでもあり、どの企業も手探りの中で会社でなく自宅での遠隔の勤務方法を模索し、テレワークを正式に導入すべく社内制度の構築を図ってきました。しかし夏場にかけての第二波において感染が一定数収束してくると多くの企業ではテレワークからまた出社での勤務へと変更し、以前の体制へと戻ってしまう様子が散見されました。

コロナ禍は人々に病という恐怖を与えた一方で、これからの新しい働き方を人々に気付かせた一面も持っています。**ニューノーマル時代においては、今後新たな感染症の拡大や地震等の災害などあらゆる場面を想定した働き方として、自宅でも勤務体制が取れるテレワークのさらなる定着を目指していくべきです。**

また、テレワークの実施に伴う利点としては「柔軟は働き方の整備による優秀な人材の獲得」「ダイバーシティ推進によるイノベーションの創出」などが挙げられます。

〈柔軟な働き方の整備による優秀な人材の獲得〉

これまで育児や介護といった理由により多彩な能力を持ちながらも働くことを断念していた人材が自宅に居ながら勤務できるばかりでなく、これから育児や介護などのライフイベントが発生する従業員の将来的な離職を防ぐことも可能となります。また、新入社員の採用にあたっても柔軟な働き方の定着はアフターコロナの時代における優秀な人材の確保に資する重要な取り組みです。

〈ダイバーシティ推進などによるイノベーションの創出〉

テレワークが定着することによりこれまで職場で顔を合わせることが前提であった打ち合わせなどが自宅からでも可能となり、海外も含めて距離や国境、時間といった制約を超えてさまざまな価値観を持った人と交流できるようになります。これはイノベーション創出のきっかけにもなり得ます。また通勤時間から解放されることにより、その浮いた時間を家事・育児や自身の学習時間に割けるため、働き手の経験の幅を広げることにもテレワークは貢献します。ライフスタイルを優先して住む地域を選んだり、ライフステージに合わせた働き方が選びやすくなるなど、働く時間の自由度が高まることにより働き手にもたらされるさまざまな体験や人との接点は、これもまた企業のイノベーション創出へとつながる可能性を秘めています。以上の点より、コロナが収束したからテレワークを解除していくのではなく、これからの時代を見据え、今こそ定着を図っていくべきです。

2　国への提言「意識啓発ではなく具体的な制度を」

ここまで、「企業・経営者」へ対する提言を行ってきましたが、これらを推し進めていくためには国の後押しは必要不可欠です。ここでは、企業が子育て支援によって社員のWell-being向上に取り組む上で、国からの後押しを求めたい４つの点を提言します。

方向性　国は企業の子育て支援策の後押しに取り組み、Well-being 向上の実現へ

提言1　育児費用税額控除制度の導入など、家計の負担軽減を

２０２０年12月21日に閣議決定された２０２１年度税制改正大綱において、ベビーシッターや認可外保育所などの子育て支援に関する非課税措置が盛り込まれました。これまでベビーシッター利用については、国や自治体からの助成に所得税や住民税が課されており、課税が金銭的な障害となって利用をためらう子育て世帯が存在していました。また、合わせて認可外保育所への助成についても所得税や住民税が非課税になるなど育児費用の税額控除制度は拡充されつつあります。アンケート結果（第２章）からも、「どのような両立支援策が必要か」という問いに対して、「育児サービス費用の税控除対象化」が挙げられており、本当に必要なサービスを受けるものに対しては今後も都度課税の見直しを実施していく必要があり、**必要な子育て支援サービスに対してはさらに税額控除制度の見直しを行い、家計の負担軽減へつなげていただきたいものです。**

提言2　ベビーシッター補助制度の利用促進を

コロナ禍において日本政府は２０２０年4月に、「新型インフルエンザ等対策特別措置法の緊急事態宣言の下、生活の維持に必要な場合を除き、外出を自粛し、人と人との接触を最大限削減する必要がある。医療現場をはじめとして全国各地のあらゆる現場で取り組んでおられる方々への敬意と感謝の気持ちを持ち、人々が連帯して一致団結し、見えざる敵との闘いという国難を克服しなければならない」と示し、感染拡大防止に留意しつつ、簡素な仕組みで迅速かつ的確に家計への支援を行うため、１人一律10万円の現金給付を行うことを閣議決定しました。この給付はマスコミにも幅広く取り上げられるなど日本国民に幅広く周知され、２０２０年9月25日時点では約12・7兆円が給付されるなど国民の大半が受給するに至りました。

しかし、一方で同時期に発表されたベビーシッターの利用補助の拡充と助成分の非課税化についてはあまり広く国民、特に子育て世帯には周知されていないように見受けられます。事業主全体の労働者数が1千人未満の中小企業であれば割引券1枚あたり70円、１千人以上の大企業であれば１８０円の企業負担で、サービス提供を受ける従業員は２０２１年4月より、１日あたり対象児童×2枚（最大４４００円）のベビーシッター利用補助を受けることが可能となりました。

また、コロナの影響により保育所などが休みとなった場合は、対象児童1人につき5枚、１家庭で１カ月最大１２０枚までの使用が可能となるなど最大26万４千円の補助を受けることができ、それぞれの家庭の負担軽減に繋がる制度となっています。しかしながら現在、この制度を利用することができる「割引券承認事業主」については約1400社程度に留まるなど、日本全国の企業数から考えても決して周知されているとは考えにくい状況です。

日本では欧米と違い、ベビーシッター制度はあまり普及しておらず、保育は保育所や学童保育で担うことが一般的ですが、今回のコロナ禍でも分かった通り、保育所などの集団での保育が活用できないケースも十分考えられることから、**国としてはベビーシッターの利用補助の拡充と助成分の非課税化を幅広く周知徹底した上で、利用を促していくべきです。**

なお、**当該制度の加入事業者の登録シッター数は2万9千人（2018年度）に留まるなど、保育所で働く保育士が40万人であることを考えれば、圧倒的に不足しており、担い手の育成についてもしっかりと取り組んでいく必要があります。**

提言3　待機児童ゼロの早期実現を

保育所などの待機児童数については、2020年9月時点において1万2439人（前年比4333人減）と減少傾向にはありますが、未だに待機児童が解消されるには至っていません。ここでは改めて2つの点について問題点を明らかにした上で、待機児童ゼロの早期実現を求めたいものです。

〈保育施設の拡充〉

地方自治体においては、独立行政法人都市再生機構と連携しつつ、UR賃貸住宅の団地再生事業等により生じた整備敷地等の活用により、保育所や学童保育の施設の設置に努めるなどそれぞれが創意工夫を行ってきています。しかし、この待機児童問題はやはり国の問題として捉える必要があるものと考えます。「社会的投資政策」については京都大学の落合恵美子教授が講演の中で説いているように（２０２０年9月25日子育て問題委員会講演会を実施）、「国が果たすべき人への投資と」いう意味があり、**現在の子どもたちに投資することは将来の日本の労働力へと繋がり、いずれは日本の国力の源泉になるものと考えます。今こそ国はこの待機児童問題を解消するために、物理的な設備を拡充するための「社会的投資政策」への責任を果たすべきです。**

〈保育人材確保への対策〉

施設だけが拡充されてもそこで働く担い手がいなければ意味をなしません。厚生労働省も、「新規資格取得支援」「就業継続支援」「離職者の再就職支援」という3つのステップからこの支援に取り組んでいます。「新規資格取得支援」については、保育士修学資金の貸付や保育士資格取得制度事業の拡充などに取り組みつつあり、「就業継続支援」では、保育士の通常業務の負担軽減のためにICT化を図るためのシステム費用導入を支援しています。また、「離職者の再就職支援」については長いブランクによる保育士の職場復帰に向けた試行雇用に際する研修等の費用補助など再就職への支援に取り組んでいます。

国にはこれらに限らず、必要とされる項目には積極的に費用補助を行うことを求めたいものです。明日の将来を担う子どもたちの支援に際しては都度手当を講じるなどし、保育人材の確保から待機児童ゼロの早期実現へとつなげていただきたいです。

提言4　男性育休の企業への取得率開示やインセンティブ導入で取得率向上を（政府目標2025年30％の確実な達成を）

日本政府は2021年2月26日に、男性の育児休業取得促進策を盛り込んだ育児・介護休業法と雇用保険法の改正案を閣議決定しました。これにより、子どもの出生から8週間の間は男性が柔軟に育休を取ることができる「出生時育児休業（男性版産休）」を2022年10月目途に新設します。この制度を利用すれば、2週間前までに申請すれば休暇を取得することができ、4週分の休暇を2回まで分けて取得することが可能となります。また、休暇期間中は雇用保険からの給付額が通常の育休と同様に賃金の67％分給付されることとなります。

一方、2022年4月以降、企業は上司による面談や周知のためのパンフレット作成など、子どもが生まれる予定の従業員に対して取得を働き掛けることが求められます。社員研修や相談できる本部体制の構築など、会社を挙げて育児休業を取得しやすい環境づくりが必要となります。加えて、従業員1千人超の企業においては、2023年4月より従業員の育休取得状況の公表が義務化され、企業にはより踏み込んだ対応が求められることとなります。男性にしっかりと休暇を取ってもらい、家事・育児へ積極的に参画してもらうためには、この制度を企業が従業員に周知徹底し、現状の男性の育休取得率7％台を政府目標である2025年の30％へ確実に引き上げることが肝要です。

以上を踏まえ、**国には、上記の義務の周知と合わせて、これを取り組んだ際の企業のメリットについても周知徹底を求めたい**ものです。「男性社員が育休を取得しやすい職場風土作り」を行う、あるいは、男性社員が「出生後8週間以内に開始する連続14日以上の育休を取得」した場合など、一定の条件に達した企業へは「両立支援等助成金」を受給することができます。企業規模等により受給できる金額は違いますが、中小企業であれば最大72万円、中小企業以外でも36万円の助成金を受けることができます。企業においてはこの制度を十分に活用することで男性社員へ育児休暇を後押しするだけではなく、助成金を活用した臨時社員の雇用など新たな仕組みを構築することも可能となるはずです。**企業の義務とセットで、取り組みに対するイ**

ンセンティブを十分に発信することで、企業の義務達成、制度の活用を推進し、男性の育休取得率30％達成を確実なものへとつなげていただきたいです。

本書は、『女性活躍が企業価値を高める』というタイトルをつけました。政策提言で述べたことは、具体的施策のいくつかの有効な手段であることは言うまでもありません。どのように進めていけばよいのかは、第5章の3つの企業の事例をぜひ参考にしていただければと思います。「中小企業では進めるのが難しい」という声がよく届きますが、株式会社プロアシストのように、トップの強いリーダーシップで実行すれば、大企業より推進しやすいとも言えます。

提言をまとめてみて感じたことは、「これをすれば女性の活躍が進む」という単一の答えがあるわけではなく、経営者であれ、管理職であれ、社員であれ、それぞれの立場で小さなことを積み上げて、実践していくことだと思います。なお、その際には、自分が思うあるべき仕事像や家庭像を他人に押し付けるのではなく、個々人それぞれの善き生き方（Well-being）を尊重しながら、進める必要があるのではないでしょうか。

女性活躍とは、女性だけに限られた問題ではなく、私たち一人ひとりがいったいどう生きたいのか、という問題に根源的にかかわっているのです。

年表でみる女性活躍の歩み（1986〜2021年）

西暦	女性活躍に関連する出来事 ★国内・国外の動き	企業のニーズ	マザーネットに寄せられた仕事と子育ての両立に関する悩み 太字：マザーネットの歩み
1986	・男女雇用機会均等法施行		
1988	・労働基準法改正により、フレックスタイム制導入		
1990	・1・57ショック ・政府は出生率の低下を問題として認識		
1992	・育児休業法施行		
1993	・中学校の家庭科の男女必須実施（高校は翌年）		
1994	・エンゼルプラン策定	・ワーキングマザーはまだまだ少数派。どのように扱ったらよいのか、上司は戸惑う	**マザーネットの前身である「キャリアと家庭」両立をめざす会を設立。悩み相談と講演会の開催を開始**

西暦	女性活躍に関連する出来事 ★国内・国外の動き	企業のニーズ	マザーネットに寄せられた 仕事と子育ての両立に関する悩み 太字：マザーネットの歩み
1995	・育児休業給付（賃金の25％）支給開始 ・育児・介護休業法施行 ★阪神・淡路大震災		・病気の時や残業時に子どもを預けるところがなく、実際に退職してしまった、という相談も寄せられることが多かった
1996			・ヒット商品を開発しても、女性の昇進は男性の10年遅れ。昇進の時期になると、お風呂でひざを抱えて泣いている、という声が寄せられる
1997	・労働基準法の「女子保護規定」削除（女性の時間外休日労働、深夜業の規制を廃止） ・共稼ぎ世帯が専業主婦世帯を上回る		・女性活躍先進企業に勤務するという女性から相談。不妊と流産を繰り返し、ようやく妊娠。上司に報告すると、会議室に呼ばれ、「君の妊娠は私の課にとって、何のメリットもない」と言われたとのこと。この相談は、創業のきっかけの一つとなった
1999	・男女共同参画社会基本法公布 ・「保母」から「保育士」に名称		

	変更		
2000	・保育へ株式会社の参入解禁		・相談開始から7年間に寄せられた約2万件の悩みを分析。1位「子どもが病気の時に預けるところがない」。2位「上司の理解がない」。3位「第2子出産のタイミングを教えてほしい」
2001	・待機児童ゼロ作戦（保育所、保育ママ、自治体単独施策、幼稚園預かり保育等を活用し、2002年度中に5万人、さらに2004年度までに10万人、計15万人の受入児童数の増加を図る）	・感度の良い企業が動き始める。トップダウンで、「女性の活躍を推進するように」と人事部に指令が。何から始めて良いか、わからない状態	**マザーネットを創業。子どもが急病時に自宅にスタッフを派遣する派遣型病児保育サービスを日本で初めて開始**
2002	・DV防止法が施行 ・学校週5日制のゆとり教育がスタート	・企業の人事部を約30社訪問。ある企業では、「弊社の女性たちは、子どもがきらい」と言われる。その会社の女性たちに話を聞くと、「本当は産みたいけれど、仕事を選ぶと、出産をあきらめ	・家事代行に対する要望が寄せられ始める。苦手な家事は他人に任せて、子どもとの時間を確保したいという要望から **家事代行サービスを開始** **育児休暇復帰準備セミナーを開始**

西暦	女性活躍に関連する出来事 ★国内・国外の動き	企業のニーズ	マザーネットに寄せられた 仕事と子育ての両立に関する悩み 太字：マザーネットの歩み
2002		ないといけない」と話してくれた。仕事か出産か、二者択一の時代	
2003			・育児・家事をすべて自分が担い、夫に対して不満を持っている妻が多い
2004	・子ども・子育て応援プラン		・地方では、ベビーシッターなどの他人が家に入ることについての抵抗が非常に大きい。しかし、近くに頼れる人がおらず、両立で困るのは、地方も都市部も変わらない
2005	・次世代育成支援対策推進法施行 ・改正育児・介護休業法施行 ・社内保育所を新設する企業が相次ぐ	・次世代育成支援対策推進法を受け、両立支援に本腰を入れる企業が増えてくる	・働き続けられた理由は、「上司に恵まれたから」という人がまだまだ多い
2006	・子育てしながら就職したい女		・保育所の送りを夫、迎えが妻という

	性を応援するマザーズハローワークがオープン ・民間の学童保育へのニーズが高まり出す		役割分担が増える。子どもが朝、熱を出して困るのは夫となり、悲痛な声で依頼の電話をかけてくる
2007	・一定の基準を満たした企業の認定が開始（くるみんマーク） ・「仕事と生活の調和（ワーク・ライフ・バランス）憲章」策定 ・「イクメン」という言葉が作られる ・「父子手帳」を導入する自治体が広がる		・中小企業では、自分がワーキングマザー第一号というケースがまだまだ多い。自分一人だけ定時で帰宅しにくいので、迷惑をかけるなら退職した方がよいか、という相談も
2008	・育児のための短時間勤務制度の導入率上昇 ・新待機児童ゼロ作戦 ★リーマン・ショック	・育児のための短時間勤務、企業の6割が導入	・一人で、または夫婦だけでがんばらず、上手に第三者の手を借りて両立するというスタイルに抵抗がなくなり出す ・育休を取りにくいと感じている女性がまだまだいる
2009	・不況により、育休切りというケースも ・夫の失業・収入の減少などにより、育児世代の女性の再就労		・不況の影響を受け、外部サービスの利用を控え、自分たちだけでがんばる夫婦が増加

西暦	女性活躍に関連する出来事 ★国内・国外の動き	企業のニーズ	マザーネットに寄せられた仕事と子育ての両立に関する悩み 太字：マザーネットの歩み
2009	意欲の急増 ・民間の学童保育が拡大 ★新型インフルエンザの流行 ★民主党に政権交代		
2010	・子ども手当ての支給開始 ・女性の育児休業の取得期間の長期化「12～18カ月未満」が24・7％ ・改正育児・介護休業法施行 ・自治体首長として、東京都文京区の成沢区長が初の育休宣言 ・厚生労働省が「イクメンプロジェクト」を開始		・キャリアを積んでからの出産が増加し、育児と介護の両方を担うケースが出てくる ・ワーキングマザーの夫の年齢は、自分よりプラス20歳からマイナス20歳まで。年の差婚が増えてくる（マザーネットの会員） **上司のためのイクボスセミナーを開始**
2011	・保育所探しの「保活（ホカツ）」激化 ・一日に育児と家事に費やす平均時間は、妻が夫より5時間46分長い ★東日本大震災		・男性が育休を取得することに対して、周囲の理解はまだまだ

2012	・女性の活躍による経済活性化を推進する関係閣僚会議において「女性の活躍推進による経済活性化行動計画～働く『なでしこ』大作戦」策定 ・「イクジイ」が増加 ・派遣社員の育休取得が少しずつ広がる ★自民党に政権交代	・人事部から「一律ではなく、がんばっている人にサポートを充実させることを検討したい」という相談を受けるようになる ・育児休暇中の女性向けのセミナーを、企業が開催するケースが増えてくる	・育休後、フルタイムで復帰したかったが、先輩ワーキングマザーたちに短時間勤務を取得するように言われてしまうケースも。先輩からのプレッシャーで、自分の希望する働き方を選べない ・ワーキングマザーであっても重要な仕事を任されるようになり、なかなか早く帰宅できない。子どもが寝た後に帰宅することも増える
2013	・安倍首相が「アベノミクス」の成長戦略で「女性活躍促進」を掲げる ・安倍首相の「3年間抱っこし放題での職場復帰支援」にワーキングマザーから大ブーイング ・「マタニティ・ハラスメント」働く女性の4人に1人が経験 ・保育所で働く保育士は約38万人。このうち約1割が毎年、結婚や出産などで離職	・企業内保育所を検討したいのでコンサルティングをしてほしいという要望が増えてくる ・育休と短時間勤務を取得する部下が増加し、上司が職場のマネジメントに苦労するケースが増加	・上司から管理職にチャレンジするように言われたが、やっていけるだろうか、という相談が増える ・短時間勤務の取得が一般的になり、短時間勤務でのタイムスケジュールに慣れてしまい、フルタイムに戻るのに苦労するケースをよく見かける **保活コンシェルジュサービスを開始**

西暦	女性活躍に関連する出来事 ★国内・国外の動き	企業のニーズ	マザーネットに寄せられた仕事と子育ての両立に関する悩み 太字：マザーネットの歩み
2014	・「くるみん」マーク、1700社が認定。効果があったので、2025年まで延長の見通し ・部下の働き方に理解のある管理職「イクボス」が注目される ・上司が男性部下の育児参加を妨げる「パタニティ（父性）ハラスメント」が少なくない ★消費税8％に	・子どもが保育所に入れず、育児休業を延長する社員が増え、社員の保活をサポートしてほしい、との相談が増えてくる ・育休から早期復職をした社員に手厚いサポートをする企業が出てくる	・希望の保育所に入るにはどうしたらよいのか、という相談が、出産前から寄せられる。保育所に入れるかどうかについての不安が高まる ・「保活」で苦労したので、学童保育に入れるかどうかを早い時期から心配する人が増加 ・「イクメン」が、仕事と子育・家事の両立で疲れている
2015	・女性の職業生活における活躍の推進に関する法律（女性活躍推進法）が施行 ・子ども・子育て支援新制度がスタート		・保育所が3歳以上で無償化したのはうれしいが、その予算は待機児童の解消にあててほしいという声が多数
2016	・「保育園落ちた日本死ね」と題した匿名のブログが注目を集める		・希望の保育所に入れなかった時のために、認可外保育所に費用を払って抑えておくという方法を取る人が増える
2017			

2018	・医学部受験にて女子に一律減点をしていたことが発覚		
2019	・働き方改革関連法が順次施行 ★消費税10％に		・夫の帰りが遅く、妻のワンオペ育児が解消しない
2020	・改正女性活躍推進法が施行 ★新型コロナウイルス感染拡大		・コロナ禍で在宅勤務が進み、夫が家にいることで、妻の家事負担が増え、ストレス増大。3時のおやつまで要求されることも ・子どもが急に病気になった時、祖母に頼っていたが、新型コロナウイルスへの感染が心配で頼めない
2021	・改正育児・介護休業法が成立。男性版育休を新設（2022年4月より段階的に施行） ・東京五輪・パラリンピック組織委員会の森会長が女性蔑視と受け取れる発言の責任を取って辞任 ★東京2020オリンピック・パラリンピック開催	・男性が主体的に育児・家事に参画するために企業は何をするべきか、との相談が増えてくる ・在宅勤務が進み、企業内保育所のあり方が見直される	・保育所で保育士が新型コロナウイルスに感染。急に長期間休みになり、子どもをみてもらうところがない ・せっかく定着した在宅勤務だが、緊急事態宣言の解除とともに、出勤が増えている ・在宅勤務のため、自宅近くの保育所に入れたいニーズが高まる **マザーネット創業20周年**

終わりに

２００1年8月27日月曜日の9時。新大阪駅から徒歩10分の小さなオフィスで、マザーネットは誕生しました。来客の第一号は毎日新聞記者（当時）の須佐美玲子さんの取材でした。翌日の朝刊に、「働くお母さん応援します～子供発熱にも安心、大阪に新会社」という記事が掲載されると、朝から電話が鳴りやみません。

「派遣型病児保育サービスをぜひ利用したい」という声と同じくらいに多かったのは、「自分自身の子育て経験を活かして、若いお母さんたちを助けてあげたい」という声でした。その後も、新聞やテレビ局などマスコミの方々が応援してくれ、さまざまな媒体で取り上げてくださったこともあり、最初は大阪府内でサービスを開始する予定でしたが、４カ月後には関東の方からも利用したい、というご依頼をいただくようになりました。

「1月から週に2回、夕方に子どものケアをお願いしたい」という千葉県市川市に住む方からメールをいただいたのが、２００1年12月の下旬。弊社のケアを行うスタッフは「ケアリスト」と名付けていますが、まだ関東のケアリストは誰もいません。年末に飛行機の予約状況を見てみると、1月３日の羽田行の飛行機が1席だけ空いています。これは私に「ケアリストを探しに行きなさい」ということに違いないと、即座に予約をし、1月３日に東京へと飛び立ちました。翌日の1月4日に市川市役所を訪れ、事業の内容を説明し、「退職した保育士さんを紹介していただけないでしょうか」と頼んでみました。すると「市役所ではそのような紹介はできません」と断られました。やはりだめか…と帰ろうとすると、年配の市の職員の女性が、私の手の中に小さく切った紙を握らせてくれたのです。そして小声で「ここに最近退職した保育士さんの連絡先が書いてある。もしかしたら、もう別の仕事をしているかもしれないけれど、連絡してみて」と言ってくれたのです。「ありがとうございます」と深く頭を下げ、すぐに教えていただいた連絡先に電話をし、会いに行く約束をしました。教えていただいた場所に行くと、その方は、すでにご自身で民間の学童保育を始められていました。「せっかく来てもらったのに、ごめんなさいね。がんばって」と励まされました。

まったく市川市に知り合いのいない私は、一軒家を1件ずつ訪問して、ケアリスト候補の方を探すことにしました。「大阪からわざわざ来たのね。私はできないけれど、がんばって！」と、また励まされました。このままでは、日が暮れてしまいそうでした。そこで、午前中に訪問した市川市役所でいただいた認可外保育所のリストを見ながら、1件ずつ電話をし、ケアリストの仕事をしてくれる保育士さんがいないか、探す作戦に変更しました。すると3件目に連絡した認可外保育所が、「いいですよ！」と保育士さんを派遣してくれるというのです。すぐに訪問をし、条件面を交渉。報酬はお客様から頂戴する価格と同じ金額なら大丈夫とのこと。マザーネットの利益はゼロです。しかし、これでご依頼いただいた方を助けることができることが、うれしくてしょうがありませんでした。これが、マザーネットの記念すべき関東での第一号の依頼となりました。

それから1年後、マザーネットにその時にご依頼された方から年賀状が届きました。そこには「マザーネットさんのおかげで、学校に通うことができ、無事に資格を取得することができました。ありがとうございます！」と書いてありました。そうか、資格の勉強をするためだったんだ。ご依頼の理由をその時初めて知りました。ご依頼いただいた方のキャリアの形成に、少しでもお役に立てたことを誇りに思ったことを、今でも鮮明に覚えています。

創業当初は、ご自宅での病児ケアが中心でしたが、お客様からの強い要望により、元気なお子様のケア、そしてお子様の安全を確保した上での家事サービスへと、サービス内容がニーズによって変化していきました。

私たちの仕事はケアリストさんなしには成り立ちません。「育児と家事は立派なキャリア」であり、人生に無駄なことは一つもなく、離婚や病気など、つらかった経験は人の心の痛みに寄り添えることにつながる、という考え方は、創業以来、変わりません。ケアリストさんに定年はなく、初めてお仕事をする時の年齢が69歳以下ならOKとしています。いくつになっても、誰かに必要とされることが、充実した人生を送るためには大切なことだと思っています。

サービスエリアの限定もありません。一人でも仕事と子育ての両立に困っている方がいれば、サービスを届けたいと思っています。儲かる、儲からないという基準では、決して判断しないようにしています。ただし、安全・安心なケアのため、ケアリストさんの採用面接は、私か丸岡副社長が、必ず対面で時間をかけて行っています。ケアリストさんがなかなか見つかりにくいエリアでは、募集のチラシにドリップコーヒーとお菓子をつけて配ったこともありました。「本当にもらっていいの？」とほとんどの方に受け取ってもらえましたが、残念ながら応募にはつながりませんでした。

そんな時、いつも思い出すのが、自分自身の経験です。どうしても行かないといけない営業の仕事の際に、子どもが高熱を出して、預けるところがなくて途方に暮れたことが何度もありました。3時間だけこの子をみてくれたら、仕事に行けるのに…。誰か私を助けてほしい！その時の経験が、走馬灯のように頭の中をぐるぐるとめぐるのです。すると、「絶対に、困っている人のために、ケアリストさんを探すぞ！」と勇気が湧いてくるのでした。

創業から20年が経ち、お子様が0歳の時から高校3年生になられるまで、一つのご家庭のお子様のケアと家事を続けられたケアリストさんが何人もいらっしゃいます。そんなケアリストさんは、そのご家庭の家族代わりの存在です。そんな関係を提供できていることを、本当にうれしく思います。

そして、昨年春からの新型コロナウイルスの感染拡大により、売上は1昨年と比較して、4割減の状態が続いています。最近では、保育士さんが新型コロナウイルスに感染し、保育所がお休みとなり、子どもを自宅でみてほしい、との依頼が増えつつあります。感染対策を徹底しながら、ピンチの時にこそ少しでもお役に立てればと思っています。

「働くお母さんに優しい社会を作りたい」という熱い思いを抱き、20年間、駆け抜けてきました。この気持ちはまったくぶれることがありません。

創業当時、派遣型病児保育サービスは世の中にありませんでしたが、今は病児のケアも行うベビーシッター会社が増えつつあります。

今後、保育人材の確保はさらに難しくなるでしょう。人件費の高騰や、電子チケットの利用などＩＴ化への対応、安全・安心なサービスを提供するためのコストアップなど、ベビーシッター会社を含め、保育に関わる企業の経営は厳しくなってきています。その分、ご利用価格に反映せざるを得ず、ますます利用しにくいサービスになってしまう恐れがあります。国として、産業育成をしっかりとしてほしいと思います。

私の夢は、「マザーネットがいらなくなる社会の実現」です。「女性活躍、本当に進みましたね」と心から言える日が来るまで、これからも挑戦を続けていきたいと思っています。

できるだけ早くその日が来ることを、心から祈っています。

出版にあたり、多くの方々にご指導やご協力、応援をいただきました。この場をお借りし、お礼を申し上げたいと思います。

長男ハルカは28歳となり「食育」の研究をしています。本書の構成に関して、的確なアドバイスをもらいました。次男セイは27歳となり、大学院にて「乳幼児期からの男女平等意識の醸成に関するデンマークとの比較研究」を行っています。2人とも、マザーネット創業時から、封筒への宛名シールや切手貼り、シュレッダー、時には赤ちゃんのケアなど、いろんな形でマザーネットを支えてくれました。そうした経験があったからか、ワーキングマザー支援に関連するテーマで研究をしています。独自の発想で、未来を切り拓いて行ってほしいです。

本書が皆様の企業において、女性活躍が進むきっかけとなれば、うれしく思います。

２０２１年８月

上田　理恵子

本書の印税は、新型コロナウイルスの感染拡大で影響を受けた、シングルマザーとその子どもたちのために、全額寄付をさせていただきます。

著者略歴

上田　理恵子

株式会社マザーネット　代表取締役社長

1961年鳥取県米子市生まれ、大阪育ち。大阪市立大学生活科学部卒業後、1984年ダイキン工業にエンジニアとして入社。入社3年目である1986年に男女雇用機会均等法が施行され、総合職1期生に。業務用食器洗浄機の開発や、新規事業開発に携わる。1992年に長男を出産。同年に育児休業法が施行され、社内で育児休業取得第1号に。生後4カ月で職場復帰。1994年に次男を出産し、生後9カ月で職場復帰。

2001年8月、17年間勤めた会社を退職し、仕事と子育ての両立に悩んだ自身の経験を活かして、ワーキングマザーを総合的に支援する株式会社マザーネットを創業。育児・家事代行をはじめ、急な子どもの発熱時にも対応するマザーケアサービスを中心に、社員の保活をマンツーマンでサポートする保活コンシェルジュサービス、育児休業から復帰された方や管理職などを対象としたセミナー、情報誌「Career& Family」の発行など、きめ細かいサービスを展開している。

2006年「第1回にっけい子育て支援大賞」(日本経済新聞社)、2007年には「女性のチャレンジ支援賞」(内閣府・男女共同参画大臣賞)、2010年「関西財界セミナー賞2010輝く女性賞」など受賞歴多数。

追手門学院大学客員教授、鳥取県県政顧問、関西経済同友会「女性活躍委員会」共同委員長、大阪教育大学経営協議会委員などを歴任。

28歳の長男は日本学術振興会特別研究員として勤務し（研究分野：食育)、27歳の次男は大学院に在学中（研究分野：乳幼児期からの男女平等意識の醸成に関するデンマークとの比較研究）である。

著書　『働くママに効く心のビタミン』(日経BP社)

株式会社マザーネット　https://www.mothernet.co.jp

女性活躍《じょせいかつやく》が企業《きぎょう》価値《かち》を高《たか》める
子育《こそだ》て中《ちゅう》の部下《ぶか》を持《も》つ
経営者《けいえいしゃ》・上司《じょうし》のためのマニュアル

2021年8月27日　第1刷発行

著　者　上田《うえだ》 理恵子《りえこ》
発行者　金元 昌弘
発行所　神戸新聞総合出版センター
〒650-0044　神戸市中央区東川崎町 1-5-7
TEL 078-362-7140 ／ FAX 078-361-7552
https://kobe-yomitai.jp/
印　刷　株式会社 神戸新聞総合印刷

ISBN978-4-343-01130-5　C0036